T0193289

Printed in the United States
By Bookmasters

إفهام ومعارف تربوية
طرق تدريس الأطفال

افهام ومعارف تربوية
طرق تدريس الأطفال

تأليف

محمد محمود عبد الله

الطبعة الأولى

2011

دار دجلة
ناشرون وموزعون
المملكة الأردنية الهاشمية

رقم الإيداع لدى دائرة المكتبة الوطنية (2010/6/2147)

371.3

عبد الله ، محمد محمود.

افهام ومعارف تربوية: طرق تدريس الأطفال / محمد محمود عبد الله . عمان: دار دجلة 2011.

(228) ص

ر.أ: (2010/6/2147).

الواصفات:/ طرق التعليم // أساليب التدريس // التدريس // الأطفال /

أعدت دائرة المكتبة الوطنية بيانات الفهرسة والتصنيف الأولية

الآراء الموجودة في هذا الكتاب لا تعبر بالضرورة عن رأي الجهة الناشرة

الطبعة الأولى 2011

دار دجلة
للنشر والتوزيع

المملكة الأردنية الهاشمية
عمان- شارع الملك حسين- مجمع الفحيص التجاري
تلفاكس: 0096264647550
خلوي: 00962795265767
ص. ب: 712773 عمان 11171- الأردن
جمهورية العراق
بغداد- شارع السعدون- عمارة فاطمة
تلفاكس: 0096418170792
خلوي: 009647705855603
E-mail: dardjlah@yahoo.com
www.dardjlah.com

978-9957-71-169-6 : ISBN

جميع الحقوق محفوظة للناشر. لا يُسمح بإعادة إصدار هذا الكتاب أو أي جزء منه، أو تخزينه في نطاق استعادة المعلومات أو نقله بأي شكل من الأشكال، دون إذن خطي من الناشر.

All rights Reserved No Part of this book may be reproduced. Stored in a retrieval system. Or transmitted in any form or by any means without prior written permission of the publisher.

بسم الله الرحمن الرحيم

مقدمة

الحمد لله العليم العلام، خلق الخلق وجعل مراتب الأقلام، وكتب بها مقادير كل شيء قبل لا شيء في الأنام، ورفع قدر العلماء وجعلهم ثالث الشهداء بوحدانية خالق الأرض والسماء: يوم الشهادة العظمى لله واجب الثناء في قوله جل ثناؤه ﴿**شَهِدَ اللـه أَنَّهُ لاَ إِلَهَ إِلاَّ هُوَ وَالْمَلائِكَةُ وَأُوْلُوا الْعِلْمِ**﴾[سورة آل عمران، الآية: (18)] فكانت نسمات أرواح العلماء في عالم الغيب قبل إيجاد الأجساد هي الشاهد الثالث لله عز ثناؤه بالوحدانية دلالة على رفعة العلم وعلو شأن ومكانة العلماء.

ومعلوم أن اللـه جل جلاله لم يطلب الزيادة إلا في اثنتين **واحدة عامة** (وتزودوا فإن خير الزاد التقوى) **والثانية** خاصة للنبي (ﷺ): والأمة تقتدي بنبيها (وقل رب زدني علما).

ومن عظمة رفعة مقام العلم والعلماء عند اللـه جل ثناؤه:

جعله غاية سامية وجعل التقوى وسيلة يتحقق بها العلم للأتقياء فقال سبحانه:﴿**وَاتَّقُوا اللـه وَيُعَلِّمُكُمُ اللـه**﴾[سورة البقرة، الآية: (282)]، وكفى بالعلماء فخراً أنهم ورثة الأنبياء في قوله (ﷺ): (العلماء ورثة الأنبياء: وإن الأنبياء لم يورثوا درهماً ولا ديناراً وإنما ميراثهم العلم) وهم أهل الرفعة وعلا الدرجات في قول خالق الأرض والسموات جل شأنه:﴿**يَرْفَعِ اللـه الَّذِينَ آمَنُوا مِنكُمْ وَالَّذِينَ أُوتُوا الْعِلْمَ دَرَجَاتٍ**﴾[سورة المجادلة، الآية: (11)] وقال (ﷺ): (إن العالم ليستغفر له الطير في السماء والحيتان تحت الماء وكل ذي روح)، وقوله (ﷺ): (إن الملائكة ليصلون على معلمي الناس الخير) فكونك أيها المعلم تقود الناس إلى عالم العلم والمعرفة فإنها كرامة وشرف لا يعد لهما كرامة ولا شرف في الوجود ولقد كانت أول إشراقه الوحي على النبي (ﷺ) (**أقرأ باسم ربك الذي خلق**) أي اقرأ بقدرة ربك الذي خلق كل شيء من لا شيء، وأنت شيء من جملة ما

خلق، فإن الذي خلق كل شيء من لا شيء، قادر أن يجعلك تقرأ من غير معلم، دلالة على أن القراءة هي أصل العلوم ومفتاح المعارف، ولما كان الأطفال اليوم هم رجال المستقبل غداً وسواعد الأمة الفتية التي بها رفعتها وعلو مكانتها بين الأمم أعملت فكري في هذا الكتاب (طرق التدريس للأطفال) نظراً لأنهم يحتاجون إلى جهد خاص وصبر ومثابرة من المعلمين والقائمين على شؤنهم حيث تحتاج إلى قوة لحظ وشدة ذكاء وسرعة بديهة وحسن تصرف، ويجب أن تكون هذه الصفات التي ذكرت متوفرة في معلم الأطفال، زيادة على مراعاته الفروق الفردية ما بين الكثيف واللطيف؛ أعني الطفل الذكي والمتوسط وما هو دون ذلك وكيف يوفق الأضداد: الذكي الحاد، والمتوسط، والمتدني في الذكاء، نجد أن **الأول** يحتاج لشرح مرة واحدة ويفهم، **والثاني** يحتاج لشرح مرتين **والثالث** يحتاج لأكثر من ثلاث مرات، لربما في هذه الحالة عليه أن يشرح مرتين بوضوح للجميع ثم يجري مناقشة في الدرس بين فريق الأذكياء والأغبياء، وعمل مداخلة من المتوسطين بتوجيههم سؤالا لكل من الفريقين، وهذا يحتاج إلى عبقرية المعلم وتميز قدراته وذكائه، وقد ضمن هذا الكتاب أساليب ومعارف تربوية جديدة وطرق تدريس حديثة ومنهجية مفيدة للمعلم وللمتعلم.

والله تعالى اسأل أن يُنفع بها الدارسين والمدرسين أنه نعم المولى ونعم المعين

وصلى الله على سيدنا محمد وآله وصحبه وسلم

خادم القرآن

محمد بن محمود العبد الله

مدرس علوم القرآن بالأزهر

التمهيد

مفهوم التدريس وطرائقه واستراتيجياته

مفهوم التدريس
وطرائقه واستراتيجياته

مفهوم التدريس:

إن التدريس هو عملية التفاعل بين المعلم وطلابه، وهو يعني أيضا الاداءات التي يؤديها المعلم أثناء عملية التعليم والتعلم لإحداث التعليم المباشر في أداء الطلبة لتعديل مسار التعليم وتيسيره، فهو إذن يشمل تزويد الطالب بالمعلومات التي يمكن أن تؤثر في شخصيته تأثيراً عملياً.

وينظر (ستيفن كوري) إلى التدريس على أنه عملية متعمدة لتشكيل بيئة الفرد، بصورة تمكنه من أن يتعلم أداء سلوك محدد، أو الاشتراك في سلوك معين، ويكون ذلك تحت شروط موضوعة مسبقاً.

إن عملية التدريس تستند إلى مجموعة من الخبرات الحيوية، تستند هي الأخرى في نموها ونضجها إلى أصول معينة، وأسس محددة، ومقومات واضحة. والتدريس بهذا المعنى ليس عملا ارتجاليا يؤدي إلى أيه صورة دون ارتباط بقاعدة أو نظام. وهو أيضاً يستمد أهميته من وصفه مهنة من المهن المرتبطة بالإرشاد والتوجيه. والمعلم من خلال عملية التدريس يكشف لطلابه طرائق الحياة. ومن هنا استمد التدريس أهميته، **إذ تتجلى هذه الأهمية فيما يأتي:**

1- إيضاح ما غمض من المعلومات من خلال المناقشات والمحاورات التي تجري بين المعلم وطلابه.

2- تفصيل ما جاء مجملا في المناهج المقررة الذي لا يمكن للطلبة معرفة تفاصيله، إلا من خلال ما يؤديه المعلم من مناقشات هادفة يقودها ويديرها ويوجهها.

3- يمتد التدريس إلى التربية الخلقية والنفسية، إذ إن التدريس يستند إلى علم النفس، وعلوم التربية.

إن التدريس بعد ذلك لون من ألوان الخبرات الحيوية، وقد وصف بأنه خبرة حيوية ليأخذ تعريف الخبرة، والخبرة هنا حيوية، بمعنى أن التدريس يشبه الكائن الحي في نموه وتطوره، وخضوعه إلى ما تخضع له الكائنات الحية في نموها وتطورها. وقيل أيضا إن التدريس عملية تفاعل فكري بين المعلم وطلابه، أي أن التدريس قائم على التفاعل، وبالردة الأولى تفاعل الأفكار، لأن المعلم يحمل فكرا أو أفكارا يطرحها للمتعلم، والمتعلم بدوره يحمل أفكارا، وهنا تحدث بالضبط عملية التفاعل الفكري.

لقد أطلق على التدريس مصطلح(فن التدريس) لأنه أقرب إلى الفن منه إلى العلم. فإذا كان العلم مجموعة من الحقائق توصل إليها البشري بالتجريب، فإن الفن مجموعة من المهارات، ولذا نقول مهارة التدريس أو التعلم، ول نقل(علم التدريس)، على الرغم من أن هناك تداخلا كبيرا بين العلم والفن.

واستنادا إلى ذلك نقول إن المقومات الأساسية للتدريس إنما هي تلك المهارة التي تبدو في موقف المعلم، وقدرته على الاتصال بطلابه، وكيفية حديثه معهم، وقدرته على التصرف في إجاباتهم، وبراعته في استمالتهم، ومقدرته على النفاذ إلى قلوبهم.

ولما كان فن التدريس هو هذه المهارة التي يمتلكها المعلم للتعامل مع عقول ومشاعر وأحاسيس الطلاب، فإنه أصبح أقرب إلى علم النفس من أي علم آخر. فإذا قلنا(علمت محمدا التربية الإسلامية)، فهذا يعني أنني يجب أن أكون ملما بمحمد الإنسان، وهذا من اختصاص علم النفس، وملماً بالتربية الإسلامية، وهي مجال تخصصي الذي يفترض أن أكون ملما به إلماما تاما.

إن فن التدريس يستند إلى مقومين أساسين هما: الفطرة والموهبة، والتعليم والصناعة. فالذي لديه قدرة على قول الشعر، يعني أن لديه موهبة، وهذا يمثل

الفطرة. ولكن هذه الشاعرية لا تكتمل إلا بما يسمى بالوسائل الصناعية، ومعنى هذا أن فن التدريس قائم على مقومي الطبع والصناعة.

إن التدريس يأخذ اتجاهان واضحين، ولكل منهما أسسه الفلسفية والاجتماعية والنفسية. وهذان الاتجاهان هما الاتجاه التقليدي الذي يقوم على تلقين الطلبة بالمعلومات والمعارف، ويكون موقف المتعلم فيه سلبيا. والاتجاه الحديث الذي تغيرت النظرة فيه إلى تنمية شخصية المتعلم ونشاطه داخل الجماعة، والعمل على تكيفه مع ما يحيط به تكيفا سليما، مما أدى إلى أن يصبح التدريس عملية توجيه وإرشاد لا عملية تلقين وحفظ.

إن للتدريس نظرياته التي ترتبط من الناحية التاريخية بنظريات التعلم. ونظريات التدريس مجموعة من العبارات تقوم على أسس البحث العلمي التي تسمح للمعلم بالتنبؤ بتأثير تغيرات معينة في البيئة التربوية على تعلم الطلبة، أو هي مجموعة المبادئ المتكاملة التي تصف موجهات لترتيب الظروف لإنجاز الأهداف التربوية.

لقد اشتهر من بين نظريات التدريس نظرية كل من (برونر، وأوزبل، وجانيه). وتقوم نظرية برونر على أن التدريس يتضمن أربعة مبادئ هي: الاستعداد القبلي للتعلم، وبنية المعرفة وشكلها، والتتابع، وشكل المعززات وتقديمها. أما الاستعداد القبلي للتعلم فيتطلب تشخيص العوامل التي تشجع المتعلم ليكون راغبا وقادراً ومستعداً للتعلم، وهنا يجب التركيز على عملية التنشيط، وعملية المحافظة، وعملية التوجيه.

فالتعلم يجب تنشيطه ودفعه للاستمرار في العمل والمحافظة عليه، وتوجيهه الوجهة الصحيحة. وتقوم بنية المعرفة وشكلها على أساس تنظيم بنية المعرفة وتنظيم الفرد للمعلومات، مما يؤدي إلى سهولة اكتساب المتعلم للمعرفة. ويأخذ مبدأ التتابع بيد المتعلم عبر تتابع معين لعبارات ومشكلات ومعرفة معروضة. ويكون

التتابع تطوريا يسير من السلوك المحسوس إلى السلوك المجرد، أي السير عبر النمط العملي، والعلاقات البيانية، والعبارات العددية واللفظية.

أما المبدأ الآخر المعتمد على شكل المعززات وتقديمها فيعني تحديد طبيعة تقديم المكافآت ومعدلها وتوقيتها، مع الانتقال من المكافآت الخارجية إلى المكافآت الداخلية. وهنا يمكن أن يعدل المتعلم مساره بنفسه من دون تدخل المعلم.

أما نظرية(أوزبل) فتقوم على أربع عمليات أيضا هي: (التعلم الاستقبالي ذو المعنى، والتعلم الاستقبالي الاستظهاري، والتعلم الاستكشافي ذو المعنى، والتعلم الاستكشافي الاستظهاري.

إن التعلم الاستقبالي ذا المعنى يرتبط ارتباطا قويا بالخبرة السابقة لدى المتعلم، أي أن المادة تصبح ذات معنى عندما تستند إلى خبرة سابقة. وتأتي مرحلة التعلم الاستقبالي الاستظهاري بعد أن تصبح المادة ذات معنى، بحيث يمكن استظهارها بعد استيعابها.

أما التعلم الاستكشافي ذو المعنى ففيه لا تعطي المعلومات الرئيسية للمادة، بل يسمح للمتعلم بأن يستكشفها بنفسه، وعندئذ يكون الاستكشاف ذا معنى ويرتبط بهذه الخطوة الخطوة الأخيرة، إذ يمكن للمتعلم أن يستظهر ما استكشفه بنفسه.

أما جانيه فقد صنف أنماط التعلم بحسب الترتيب الهرمي إلى ثمانية أنماط هي:

1) **التعلم الإرشادي**، وفيه يكتسب المتعلم استجابة شرطية لمثير شرطي، ويكون التعلم هنا لا إراديا، مثل سحب الطفل يده عند تعرضها لمصدر حراري.

2) **النمط الثاني هو المثير والاستجابة**، وفيه يكتسب المتعلم استجابة دقيقة لمثير معين، مثل تشجيع المعلم للطالب مرة بعد أخرى عندما يقترب من تعلم لفظ الكلمات والجمل بشكل صحيح.

3) **والنمط الثالث هو التسلسل الحركي**، ويتضمن مجموعة الأنشطة المتتابعة، مثل تعلم الكتابة، والطباعة، والعزف على آلة موسيقية.

4) **والنمط الرابع هو التلازم اللفظي**، وهذا النمط يشبه النمط السابق إلا أن المثير والاستجابة يكونان ذا صفة لفظية، مثال ذلك تعلم الكلمات الجديدة باللغة الانكليزية أو الفرنسية، أو غيرهما.

5) **والنمط الخامس هو التعلم المتمايز**، وفيه يستطيع المتعلم أن يؤدي استجابات متنوعة لمثيرات متباينة، مثال ذلك قدرة المتعلم على تمييز فصيلة معينة من الحيوانات عن فصيلة أخرى، أو تتميز رتبة معينة من النباتات عن رتبة أخرى.

6) **والنمط السادس هو تعلم المفاهيم**، وهو عمل مكمل لتعلم النمط السابق، ويتطلب هذا النمط استجابة عامة لمجموعة مثيرات متباينة، مثال ذلك تعلم مفاهيم معينة مثل قليل وكثير، كبير وصغير، القوة والتأثير.. وغير ذلك.

7) **والنمط السابع هو تعلم القاعدة**، أي تعلم القاعدة المتعلقة بتعلم المفاهيم. وهنا يجب إعطاء المتعلم معلومات عن طبيعة التعلم، ومساعدته على تشخيص المفاهيم الأساسية، وإعطاؤه توجيهات لفظية تسهل تشكيل سلسلة من المفاهيم، وأسئلة تشجعه على إثبات القاعدة، مثال ذلك تعلم كيفية إيجاد الأشكال الهندسية كالمستطيل والمربع، وغير ذلك.

8) **والنمط الثامن هو حل المشكلة**، ويتطلب هذا النمط من المتعلم أن يعرف عدد المفاهيم والقواعد الخاصة بتحديد المشكلة والوصول إلى حلها. وهنا يتطلب الأمر عمليات معرفية داخلية بدرجة أكبر من الأنماط السابقة، مثال ذلك ما يبذله المتعلم من جهد لحل مسائل معقدة في الجبر.

طرائق التدريس:

إن مصطلح طريقة التدريس في المؤسسات التربوية، وفي ميادين التربية والتعليم يستخدم بشكل واسع، لكنه في الوقت نفسه قد لا يشير إلى معنى محدد في ذهن من يستخدمه. فالمعنى عادة يقترن بخبرة الشخص الذي يستخدم هذا المصطلح، والموقف الذي هو فيه، والمهمة التي يقصدها.

إن الطريقة بمعناها الضيق تكون عبارة عن خطوات محددة يتبعها المعلم لتحفيظ المتعلمين أكبر قدر ممكن من المادة العلمية الدراسية. وهنا تكون الطريقة وسيلة لوضع الخطط وتنفيذها في مواقف الحياة الطبيعية، بحيث يكون الصف الدراسي جزءا من الحياة ويجري في سياقها. وينمو الطالب فيه بتوجيه من المعلم وإرشاده. وهكذا فإن الطريقة: ترتيب الظروف الخارجية للتعلم وتنظيمها، واستخدام الأساليب التعليمية لتمكينهم من التعلم.

وقيل عن الطريقة أيضا بأنها الأسلوب المتسلسل المنظم الذي يمارسه المتعلم لأداء عملية التعليم. ولتحقيق الغرض المطلوب منها في إيصال المادة أو المعلومات إلى المتعلم. ويمكن أن تعمني أيضا الكيفيات التي تحقق التأثير في المتعلم، بحيث تؤدي إلى التعلم والنمو.

إن طريقة التدريس بعد ذلك هي عملية يؤديها المعلم بهدف تغيير سلوك المتعلم وتكيفه ومساعدته على التكامل. وهي تعني أيضا اعتماد إستراتيجية معينة باتخاذ موقف تعليمي معين ضمن مادة دراسية معنية.

إن طريقة التدريس هي الأداة أو الوسيلة الناقلة للعلم والمعرفة والمهارة، وهي كلما كانت ملائمة للموقف التعليمي، ومنسجمة مع عمر المتعلم وذكائه وقابلياته وميوله كانت الأهداف التعليمية المتحققة بها أوسع عمقا وأكثر فائدة. إن نجاح التعليم يرتبط إلى حد كبير بنجاح الطريقة، وتستطيع الطريقة الجيدة أن تعالج الكثير من ضعف المنهج، وضعف المتعلم، وصعوبة الكتاب المدرسي، وإذا كان المدرسون

يتفاوتون بمادتهم وشخصياتهم فإن هذا التفاوت من حيث الطريقة يكون أبعد أثرا.

ومن هنا يتبين أن أركان عملية التدريس تشكل حلقة لا يمكن أن تكتمل إلا بتضامن هذا الأركان واكتمالها. فهناك معلم ناجح يؤدي طريقة تدريس ناجحة في عملية تدريس ناجحة ومفيدة لتعليم مادة دراسية.

وتجدر الإشارة إلى أن طريقة التدريس تتأثر بمجموعة من العوامل التي تؤدي بالمتعلم إما إلى النجاح، وإما إلى الفشل. ومن هذه العوامل: تدريب المعلم، ونصاب دروسه الأسبوعي، ودافعيته نحو مهنته، وشخصيته. ويؤثر في سير التدريس أيضا ميل الطالب إلى التعلم، إذ كلما كان الطلاب متشوقين للتعلم سهل ذلك على المعلم القيام بواجبه خير قيام.

لقد ظهرت في ميدان التعلم طرائق كثيرة منها:

1) الطريقة الحسية، وهي من اسمها تقوم على المحسوسات وتصلح للمرحلة الابتدائية الأولى.

2) وطريقة النشاط التي يظهر فيها نشاط المعلم والمتعلم.

3) والطريقة الوظيفية(المشروع) وتقوم على مشروع يختاره الطالب بحسب ميوله وحاجاته.

4) والطريقة الإلقائية التي يلقي فيها المعلم مادته على الطلاب والطريقة الاستقرائية القائمة على النمط العقلي، وترتب فيها المعلم مادته على الطلاب وسميت بالخطوات الخمس وهي (التمهيد، والعرض، والربط والموازنة، والقاعدة، والتطبيق).

5) والطريقة القياسية(الاستدلالية) القائمة على منطق أرسطو، وهي عكس الطريقة الاستقرائية، إذ إنها تبدأ بالقوانين والتعميمات، ثم تحليل هذه القوانين أو القواعد للوصول إلى أجزاء الموضوع.

6) **والطريقة التوليفية** القائمة على التوليف بين الطريقتين الاستقرائية والقياسية.

7) **والطريقة الحوارية(الجدلية)** المستندة إلى فلسفة سقراط الذي كان يولد المعرفة بالحوار والنقاش بينه وبين طلابه.

إن على المعلم بعد ذلك كله أن يعرف أن لكل طريقة من هذه الطرائق محاسنها ومآخذها، وأنه لا توجد طريقة مثالية تماما، وأنه لا توجد طريقة تدريس واحدة تناسب الأهداف المراد تحقيقها جميعا. ويجب على المعلم أيضا أن يعرف أن أهم شيء في عملية التدريس هو التركيز على الطالب.

وعلى المعلم أخيرا أن يعرف أنه حر في استخدام الطرائق والأساليب التي تناسب طلابه، مثلما تناسب مادته وموضوعه، والموقف التعليمي.

استراتيجيات التدريس:

إن تعبير الإستراتيجية في الميدان التربوي مصطلح حديث نسبيا، فقد استخدمه الكثير من العلوم والتخصصات الأخرى قبل استخدامه في الميدان التربوي. وإن الإستراتيجية تعبير عن منطق أو أسلوب جديد ذي أدوات جديدة في التفكير اصطنعته علوم جديدة.

لقد ظهرت مجموعة من المفردات والمصطلحات التي تعبر عن منهج أو منطق في التفكير قوامه التحليل الدقيق من أبعاد مختلفة، والتسلسل من العام إلى الخاص، والتحرك العقلاني من النظرية إلى التطبيق، والانتقال الوظيفي من الحاضر إلى المستقبل على أدق وأفضل الأحكام وأدوات الأفعال.

وهكذا فإن لفظة إستراتيجية تأتي في باب الوسائل التي تقابل مفهوم المقاصد والغايات في السلوك والأفعال الاجتماعية، مثلما هو في سلوك الأفعال الفردية. فكل سلوك أو فعل اجتماعي له في النتيجة قصد أو غاية تعبر عن حاجة أساسية. وعند

التحليل الدقيق المتسلسل لكل فعل(من العام إلى الخاص) ينبغي أن ننظر فيه أولا إلى البيئة المتوقعة التي تتضمن عناصر الموقف وتناقضاته وعلاقاته على وفق تسلسل زمني. ومن هذا الموقف يكون الانتقال إلى العرض العام الذي يشتق مضمونه من خصائص الموقف نفسه. ومن الغرض العام يكون الانتقال إلى هدف أو أهداف أكثر تحديدا، ثم الانتقال إلى مهام أو فروض تشكل مجموعة نشاطات تعبر عن برنامج أو جزء من برنامج.

إن الإستراتيجية بعد ذلك تعني خط السير للوصول إلى الهدف، أو هي الإطار الموجه لأساليب العمل، والدليل الذي يرشد حركته. وتعني أيضا فن استخدام الوسائل لتحقيق الأهداف.

وعلى هذا الأساس تكون إستراتيجية التدريس مجموعة الأمور الإرشادية التي تحدد وتوجه مسار عمل المعلم، وخط سيره في الدرس. لأن التدريس بطبيعته عملية معقدة تتداخل وتترابط عناصرها في خطوات متتابعة. إذن إستراتيجية التدريس تتكون من الأهداف التعليمية والتحركات التي يؤديها المعلم وينظمها ليسير على وفقها، فهي تتضمن الأسئلة والمواقف، والأمثلة والتمرينات، والمسائل، والوسائل المؤدية إلى الأهداف. وتتضمن أيضا التنظيم الصفي، واستجابات الطلبة، والتخطيط... وما إلى ذلك.

لقد وجد التربويون أن الاستراتيجيات القبلية تؤدي دورا مهما في إنجاح عملية التدريس، وإثارة دافعية المتعلمين نحو التعلم. وأشار الأدب التربوي إلى خمس استراتيجيات قبلية هي (الأهداف السلوكية، والمنظمات المتقدمة، والاختبارات القبلية، والملخصات العامة، والأسئلة التحضيرية).

إن هذه الاستراتيجيات يمكن أن تحقق جانبا من مساعي النهوض بتدريس مادة التربية الإسلامية، لكونها أحد الأنماط المستحدثة في التدريس.

أما إستراتيجية الأهداف السلوكية فتهتم بكتابة الأهداف بإيجاز ووضوح، وتعريف المتعلمين بها بوصفها عاملا مساعدا في زيادة التعلم. وتصاغ هذه الأهداف بعبارات موجزة قصيرة قابلة للملاحظة والقياس، وتبين ما يتوقع أن يقوم به المتعلم بعد الانتهاء من دراسته لموضوع معين أو وحدة دراسية معينة. وتتميز الأهداف السلوكية بإمكانية تحقيقها خلال مدة قصيرة، فضلا عن كونها تؤكد أداء المتعلم لا أداء المعلم. وعليه فإن هذه الإستراتيجية تتناغم مع الفلسفة التربوية الحديثة التي تؤكد دور المتعلم في العملية التعليمية.

إن تحديد الأهداف السلوكية لازم لممارسة أي نشاط إنساني. فالهدف الذي يؤمن به الإنسان يخلق فيه الدافع، وبوجه جهوده، ويساعده على اختيار الوسائل المناسبة لتحقيقه. وفي ضوئها يمكن تقرير مدى النجاح الذي تحققه العملية التعليمية.

فالأهداف السلوكية تكثف جهود المعلم والمتعلم نحو تحقيق الأهداف المقصودة. كما أن الأهداف السلوكية تؤدي إلى بعث الرضا والاطمئنان في نفوس الطلبة، وتقلل من قلقهم وتوترهم أثناء الامتحان، وتساعدهم على فهم الواجبات التعليمية المطلوبة؛ وبهذا فهي تشجعهم على النجاح والتقدم والاهتمام بالمادة الدراسية.

لقد أجريت دراسات كثيرة حول الأهداف السلوكية، وأثر هذه الأهداف في التحصيل الدراسي وزيادة الاحتفاظ بالمعلومات، وقد توصلت هذه الدراسات إلى نتائج إيجابية في هذا المجال.

لقد وضع النفسيون والتربويون عن طرائق عديدة لتصنيف الأهداف السلوكية. ويعتبر تصنيف(بلوم) أكثر هذه التصانيف شمولا. وقد صنف بلوم هذه الأهداف إلى ثلاثة أصناف أو مجالات رئيسة هي الأهداف المعرفية، والأهداف المهارية وسماها (النفس حركية)، والأهداف الوجدانية، وقد قسم الأهداف المعرفية إلى ستة مستويات للتفكير هي (التذكر، والفهم، والتطبيق، والتحليل، والتركيب، والتقويم) وعد

المستويات الثلاثة الأولى قدرات عقلية دنيا، والمستويات الثلاثة الأخيرة قدرات عقلية عليا

أما الإستراتيجية الثانية فهي إستراتيجية المنظمات المتقدمة، وهي التي وضع أسسها(اوزبل)، وهي تقوم على البنية المعرفية المسبقة لدى المتعلم، والبناء المعرفي الذي يبني ويطور في ضوء عملية أطلق عليها أوزبل مصطلح(التضمين). وهذا التضمين يعني ربط المعلومات الجديدة بالمعلومات والأفكار الموجودة لدى المتعلم، ودمجها في بنيته المعرفية.

ويقترح(اوزبل) أن تعرض هذه المنظومة على المتعلم في عملية التعلم، قبل الخوض في شرح أجزاء المحتوى التعليمي المراد تعلمه، والمعلومات المتعلمة مسبقا؛ وهذا يؤدي بالمتعلم إلى الفهم والاستيعاب بطريقة هادفة ذات معنى.

ويؤكد(اوزبل) أن التعليم المدرسي يحصل غالبا بالمادة المكتوبة والملفوظة. فكل مادة دراسية تتكون من مفاهيم ومبادئ أساسية، يمكن أن يتعلمها الطالب، لتصبح فيما بعد جزءا من طاقته الفكرية. وعلى المعلم هنا أن يراعي شرطين، أولهما: تقديم المادة المعرفية بشكل منظم وملائم لطاقة المتعلم الفكرية، وثانيهما أن تكون المادة التعليمية ومفاهيمها ذات علاقة وثيقة بحياة الطالب، ولها معنى مفيد لديه.

وهكذا يكون المنظم المتقدم الذي يقدم قبل بدء الدرس بمثابة الشاطئ الذي ترسو عليه المعلومات الجزئية الجديدة المراد تعلمها، وبمثابة الجسر الذي يربط بين المعلومات القديمة والمعلومات الحديثة.

أما إستراتيجية الاختبارات القبلية فهي إحدى الاستراتيجيات التي تركز على المتغيرات المتعلقة بالنتاجات المرتجاة التي تقيس الحقائق والمبادئ. وهذه الاختبارات لا يقصد منها تحديد درجة الطالب، وإنما إثارة دافعية الطالب، وتشجيع دافعيته وتعزيزها نحو الدرس الجديد. ولذا يكتفي المعلم بتصحيح الأخطاء، وتزويد الطلبة بالإجابة دون أن يسجل الدرجات. وهنا تستخدم إشارات التعزيز المختلفة.

إن الاختبارات القبلية تغطي موضوع الدرس الذي سوف يحضره الطالب، وتكون صلتها مباشرة بالمعارف والأفكار والمعلومات والمهارات التي سيكتسبها.

ومن المعروف أن كل فقرة من فقرات الاختبار تحمل هدفا سلوكيا محددا، ولهذا يحدث الاختبار وقعا خاصا في نفوس الطلبة، وبذا تعين هذه الاختبارات على التذكر والتهيؤ للدرس الجديد؛ وهذا يجعل الطالب مستعدا متحفزا متفاعلا مع الموقف التعليمي.

إن لجوء المعلم إلى تعريف طلابه بنتائجهم، وإشعارهم بالنجاح والتقدم يعزز مشاركتهم في عملية التعلم، ويؤدي إلى إثارة دافعيتهم بشكل فعال.

وهكذا تتجلى أهمية الاختبارات القبلية بتقليل قلق الامتحان لدى الطلبة، وزيادة التحصيل، والحفز على تحضير الدرس الجديد، وتعرف المتعلم على مستواه بين زملائه، وإمكانيته من تصحيح إجاباته في ضوء تصحيح المعلم للاختبارات.

أما إستراتيجية أسئلة التحضير القبلية فهي في الواقع ركيزة العملية التعليمية، لأنه لا يخلو درس تربوي منها. فالتمهيد للدرس ضرورة لإثارة دافعية المتعلمين، وتشويقهم للدرس الجديد. وهذا التمهيد لا يخلو بأية حال من سؤال أو أسئلة، وكذلك العرض والتقويم.

إن السؤال أداة مهمة يستخدمها المعلم في إنجاح العملية التعليمية، وفائدة السؤال وتأثيره يتوقف على قدرة المعلم على حسن السؤال؛ صياغة واختيارا وتوجيها، وقد قيل: التدريس فن السؤال.

والمعلم الناجح هو الذي يمتلك الكفاية والمعارة في إعداد السؤال وصياغته. وتحتاج مهارة وضع السؤال إلى معرفة موضوع الدرس معرفة تامة، وإلى الوقوف على مستوى الطلاب، وقدراتهم العقلية والتحصيلية.

إن أسئلة التحضير القبلية هي مجموعة من الأسئلة يعدها المعلم قبل الدرس، ليغطي بها موضوع الدرس الجديد الذي سيشرحه في الحصة التالية. ويملي المعلم على طلابه هذه الأسئلة، ويطلب منهم الإجابة عنها تحريريا في البيت، معتمدين في

الإجابة عنها على الموضوع المطلوب تحضيره. واستخدام هذه الأسئلة يثير نشاط الطلبة، ويربطهم بحقائق الدرس، ويجعلهم فاعلين غير منفعلين، إذ يجعلهم ذلك كله عنصرا فعالا في الاشتراك الفعلي في الدرس، وكشف حقائقه وتوضيحها.

إن لأسئلة التحضير القبلية فوائد تربوية منها، وتحقق المعلم من مستوى تحضير كل طالب، والتغلب على أسباب الفشل لدى الطلبة، وقدرة الطلبة على الاشتراك بالمناقشة.

أما إستراتيجية التدريس الأخيرة فهي إستراتيجية الملخصات العامة، وهي المسؤولة عن نقل الأفكار بدقة وسهولة، لاطلاع الطلاب على ما سوف يقومون به. إن للملخصات العامة قيمة علمية في تثبيت التعلم وتوجيهه، وفيها يتعرف الطلبة المادة الجديدة، كما يتم من خلالها تأكيد المفاهيم الرئيسة والقواعد والمصطلحات، ومعرفة التركيب العام للمادة المطلوبة.

إن الملخصات العامة مختصر بسيط يقدمه المعلم إلى طلابه يبين لهم فيه ما سوف يدرسونه في الدرس القادم. ويكون الملخص عاما وشاملا للعناصر البارزة والأفكار الرئيسة في الدرس بعيدا عن التفاصيل. فالملخصات العامة تؤدي دورا مهما في إدراك المتعلم للمعنى الكلي أو الإجمالي للدرس، من خلال الدرس المطلوب تحضيره، ويتمكن الطالب من خلال الاطلاع على هذا الملخص من إدراك التفاصيل والجزئيات والأفكار الثانوية، وربطها بالعناصر الكلية والأجزاء الرئيسة في الملخص العام الذي أعده المعلم.

إن الملخصات بعد ذلك تنشط التعلم، وتحقق التعزيز الذاتي في إدراك المعنى الكي من خلال ربط الأجزاء بالكليات ودمجها في تصور معين ثم تخزينه في الذاكرة. وهذا الطريقة تسهم في تنمية مهارة الطالب في تلخيص الموضوع بعد قراءته، وتشجعه على إتباع المنهج العلمي في التفكير، إذ تفيد في تحديد العلاقات القائمة بين الأفكار، وتحديد النقاط البارزة، وفيها يتعلم الطالب أسلوب الاختزال والاختصار.

مفهوم التربية في الإسلام

التربية هي بناء الصغير نشأة سليمة في الجسم والفكر. **ويلزم لذلك قيام ولي الأمر بشيئين:**

1- رعاية.   2- عناية.

1- الرعاية، وتشتمل على أربعة أشياء:

1- مسكن.   2- ملبس.   3- غذاء.   4- دواء.

ويتحقق ذلك بالجد والسعي في طلب الرزق من حلال فإن أفلح أفلحت الرعية.

2- العناية، وتشتمل على أربعة أشياء أيضا:

1- **اهتمام:** ويقصد به دقة الملاحظة.

2- **متابعة:** ويقصد بها دوام المراقبة.

3- **توجيه:** ويشمل الإرشاد والنصح والأمر والنهي والزجر.

4- **جزاء:** ويشمل إثابة المحسن ومعاقبة المسئ.

والخلاصة أن الرعاية هي توفير مقومات الحياة بجميع أنواعها لكل من يعولهم الأب أو من يقوم مقامه بالتساوي دون تفريق في الحقوق والمعاملات.

أما العناية فهي قيام ولي الأمر في أسرته فقد نجا من مساءلة قيوم السموات والأرض يوم العرض والجزاء لقول رسول الإنسانية محمد (ﷺ)«كلكم راع وكلكم مسؤول عن رعيته».

والعاقل من يحذر التفرقة في المعاملات بين الأبناء على إخوته جوراً لقول الرسول الأعظم محمد (ﷺ) حينما ذهب إليه أحد الآباء وقال يا رسول الله : أشهد على

هذه العطية فإنني أعطيت أحد أبنائي حديقة. فقال (ﷺ): هل أعطيت الآخرين مثله؟ قال الرجل: لا. فقال الرسول (ﷺ) «أشهد عليه غيري فإنني لا أشهد على جور».

يفهم من ذلك أن عدم التسوية بين الأبناء جور. وفي الحديثِ الشريف قوله (ﷺ): «اتقوا اللـه واعدلوا في أولادكم».

وفي بيان أفضل أنواع الحب قال الصديق يوسف (عليه السلام): أحبني أبي فرماني في الجب إخوتي. وأحبتني امرأة، فزجت بي في السجن. وأحبني ربي فآتاني من الملك وعلمني من تأويل الأحاديث:(رب قد آتيتني من الملك وعلمتني من تأويل الأحاديث).

واعلم أن الصغير يكتسب الفضائل والرذائل من مصادر أساسية أهمها البيت الذي يتربى فيه والبيئة المحيطة به التي ينشأ فيها، وخاصة أصدقاء الخير أو الشر، طائفة من السباب والشتائم إلى آخر ما في البيئة من فضائل ورذائل.

وأهم دعائم النشأة السليمة هما الأب والأم. فالأم هي معين الفضائل الذي لا ينضب بالنسبة للأبناء، وهي مهد الحضارة والرقي وغرس مكارم الأخلاق، ويليها الأب بالإشراف والمتابعة والتقويم لكل معوج وفاسد.

ولعل هذا التقديم للأم يرجع إلى حكمة الرسول (ﷺ) حينما سأله رجل: من أحق الناس بصحبتي يا رسول اللـه ؟ قال (ﷺ): أمك ثلاثا، مقابل مرة واحدة. ثم أبوك. وهذا يدل على أهمية الأم ورفعة مكانتها في تربية الأبناء ودرجة قربها منهم. فهي نبع الحنان الذي لا يجف ولا يمل. فالأبوان هما الدعامة الأولى في بناء الفرد والأسرة بناء سليما ينفع المجتمع والأمة دنيا ودينا.

ثم بعد الأبوين يأتي دور المعلم في المدرسة، فهو أيضا راع ومسؤول عن رعيته أبناءه الطلاب، فليتق اللـه فيهم بالإخلاص في القول والفعل وغرس الفضائل وإهداء المعلومة سهلة الأسلوب جزيلة المعنى عذبة المذاق.

فالأم والأب والمعلم والمجتمع مسؤولون أمام الـلـه تعالى عن تربية أبنائهم، فإن أحسنوا التربية يعد الجميع في الدنيا والآخرة، وإن أهملوا ضيعوا وشقوا وكان الوزر في أعناقهم واستوجبوا سؤال الرب سبحانه وحسابه:«كلكم راع وكلكم مسؤول عن رعيته»: فبشرى لكل معلم أخلص لله تعالى في أبنائه يصدق فيه حديث المصطفى (ﷺ):«فو الـلـه لأن يهدي الـلـه بك رجلا واحدا خير لك من حمر النعم»رواه البخاري.

ولقد أمرنا الرسول (ﷺ) أن نعود أبناءنا الصدق، ولا نلقنهم الكذب، لأن الأب يمكن أن يلقن ولده الكذب وهو لا يقصد، لما جاء في الهدي النبوي الشريف قوله (ﷺ):«عودوا أبناءكم الصدق، ولا تلقنوهم الكذب، فغن نبي الـلـه يعقوب (عليه السلام) لقن أولاده الكذب دون قصد منه فكذبوا».

والحقيقة أن يعقوب لم يقصد الكذب. ولكنه حكي من خلال رؤيا رآها: أنه رأى تسعة من الذئاب تنهش يوسف معهم، تكلم روح الرؤيا التي رآها فيما حكاه عنه القرآن:(قال إني ليحزنني أن تذهبوا به وأخاف أن يأكله الذئب).

وسرعان ما أخذها الأبناء حجة: قالوا نتخلص من يوسف ونقول أكله الذئب.

وهكذا تقول أنت لابنك، مثلا، خذ ريالا واشتر جبنه، واحذر أن تركب به الدراجة وتقول النقود ضاعت. فإن الصغير يفعل ويعود إليك يقول: النقود فقدت مني، فتكون أنت بذلك لقنته الكذب دون قصد منك.

التربية تكوين وتمكين

أولا- التربية تكوين: يقصد بها توفير المقومات اللازمة لبناء وتكوين هيكل جسم الصغير بناء قويا يشتمل على سلامة الأعضاء وقوة البصر.

ويلزم لذلك توفير الغذاء الجيد والرعاية الصحيحة، وممارسة الألعاب الرياضية بما يتناسب مع حالة الصغير في جميع مراحل نموه وأطواره.

فمن الثابت علميا أن الطفل في مراحل نمون يمر بأطوار، طورا بعد طور. دل على ذلك قول الحق عز ثناؤه:﴿**وَقَدْ خَلَقَكُمْ أَطْوَاراً**﴾ .

كما يلزم لسلامة التكوين توفير مسكن صحي يتمتع بدخول الشمس والهواء المتجدد فيه.

ثانيا- التربية تمكين: ويقصد بها تمكين الصغير من التعبير عن ميوله ورغباته، فلا يكبت له رأي ولا يقهر له فكر. لأن كبت الرأي وقهر الفكر في الصغير يسببان حالة نفسية تنعكس على سلوكه وتصرفاته قد ينشأ عنها الميول العدوانية والكذب والتردد وعدم القدرة على اتخاذ القرار المناسب لكل موقف يمر به في حياته مستقبلا.

ويمكن، بل من الأفضل، تمكين الصغير من إشباع رغباته والتعبير عن ميوله ثم تقويمه بالعدول عن الفاسد منها وتوجيهه إلى كل صالح مفيد.

ويسمى بتقويم السلوك، وهو من جملة المتابعة في التربية(التوجيه).

الصغير وحب الوطن

كيف تنشئ الصغير على حب الوطن وصدق الانتماء إليه؟...

والإجابة: إن حب الصغير للوطن يجب أن لا يقل مرتبة عن حبه لأبويه، إذ بغير وطن لا وجود للأبوين، وبغير الأبوين لا وجود للأبناء. لأن الوطن للإنسان هو العزة والكرامة، وهو المجد والحضارة، والرقي والازدهار، والأمن والاستقرار. فعلى أرضه تنمو وتكبر الأجيال مثل الزروع في الحقول، ومن ثمراته ومائه ترتوي الأكباد وتشبع البطون، وفوق ترابه ترتع الأجساد وتناما العيون آمنة مطمئنة.

وعندما يبغي على الوطن باغ أو يطمع في ثرواته مستعمر، يخب أبناؤه يدافعون عنه ويقاتلون حتى آخر قطرة من دمائهم يقدمون أرواحهم فداء للوطن...

شعارهم: نموت جميعا ونفني، والوطن حر كريم عزيز يبقى.

فواجب الآباء والمعلمين أن يلقنوا النشء الصغير حب الوطن دروسا، ويسقونه صدق الانتماء إليه كؤوسا، حتى يصبح الوطن للصغير دمه الذي يجري في عروقه، وأنفاسه التي يتنفس بها الحياة. ولا ننسى أن الوطن للإنسان كالأم الحنون في أحضانه يتربى، وعلى خيراته يتغذى، وفوق ترابه يعيش ويحيى، وبعد مماته يستقر الجسد في أحضان تربته ويفنى. وهكذا:

يمكن تلقين الصغير بطريقتين:

1- حسية.   2- معنوية.

1- أما الحسية فتكون بمشاهدة خيرات الوطن وفضائله ونعمه التي ينعم بها المواطن رأي العين بالبصر والذوق، وشرح ما فيه من ثروات وإمكانات توفر سبل الحياة الحرة الكريمة لجميع أبنائه بالتساوي دون ما تفريق بين طائفة وأخرى بل الكل سواء في الحقوق والمعاملات والواجبات والرعاية مع بيان أن

هذه الثروات يلزمها أبناء أقوياء أوفياء يملكون القدرة على التفاني في الجد والبذل والعطاء من أجل رفعة الوطن وحمايته وازدهاره. ويتحقق ذلك بالتنشية السليمة القوية في الجسم والفكر كما بينا سالفا.

2- وأما المعنوية، فتكون بشحن النفس بأهمية الوطن وقدسيته لدى المواطن. إذ أنه كل شيء بالنسبة للمواطن، فإنه بغير وطن يعد شريدا لا قيمة له ولا قيم. وبغير الوطن لا حياة كريمة ولا عزة ولا حرية.

وغرس حب الوطن منذ بداية الصغير يعتبر من أهم مقومات صدق الانتماء للوطن. فالوطن يعني العزة والكرامة لا مذلة، ولا مهانة.

أسس التربية الإسلامية

تقوم التربية الإسلامية على ثلاثة أسس رئيسة هي:

- الأسس الفكرية.
- الأسس التعبدية.
- الأسس التشريعية.

أولا- الأسس الفكرية:

إن التصور الإسلامي عن الكون والحياة والعقيدة يمتاز بوضوح الأفكار التي بني عليها نظام حياة المسلم، فاعتنقها، ودعا إليها، وآمن بها، وتابع تذكرها. ويمتاز بمنطقية المعتقدات ومعقوليتها وملاءمتها للفطرة العقلية والوجدانية والنفسية، والتي تمتاز بدورها بإقناعها، والدعوة إلى الأمل لما يوصل إلى معرفة الـلـه وقدرته ووحدانيته.

لقد عرض الإسلام الإنسان على حقيقته وبين مميزاته، وأفضليته على سائر المخلوقات، ومهمته في الحياة، وقابليته للخير والشر. فحقيقة خلق الإنسان هي أن الـلـه خلقه من نطفة، وجعله مخلوقا مكرما، فهو ليس ذليلا أو مهانا أو مبتذلا. قال تعالى:﴿ **وَلَقَدْ كَرَّمْنَا بَنِي آدَمَ وَحَمَلْنَاهُمْ فِي الْبَرِّ وَالْبَحْرِ وَرَزَقْنَاهُم مِّنَ الطَّيِّبَاتِ وَفَضَّلْنَاهُمْ عَلَى كَثِيرٍ مِّمَّنْ خَلَقْنَا تَفْضِيلاً** ﴾[1].

وإن الإنسان مميز مختار، فقد جعله الـلـه قادرا على التمييز بين الخير والشر، إذ ألهم النفس فجورها وتقواها. وأن على الإنسان تقع مسؤولية تطبيق شريعة الـلـه

---

(1) - سورة الإسراء، الآية: (70).

وتحقيق عبادته، وقد حمله الله مسؤولية عظيمة، وكلفه بتكاليف كثيرة، ورتب عليها الجزاء الوفاق. وتبقى المهمة العليا للإنسان هي عبادة الله سبحانه.

إن نظرة الإنسان إلى الكون بحسب فلسفة التربية الإسلامية تقوم على تحريك عواطفه، وشعوره بعظمة الخالق، وبصغر الإنسان أمامه. فالكون كله مخلوق لله خلقه لهدف وغاية، وأن هذا الكون خاضع لسنن سنها الله على وفق أقدار قدرها سبحانه وتعالى، وأن الكون مسير مدبر دائما بقدرة الله . فالله الذي رتب سنن الكون بقي وما زال قائما على تسييره وتدبير أمره، والإنسان جزء من هذا الكون، فهو خاضع في كل شؤونه وحياته وموته لتقديره ولسننه سبحانه. وأن الله سبحانه وتعالى أرسل على أساس هذه السنن الرسل فعذب أمما، وأهلك أخرى، ورتب الآجال، وغير الأحوال، ومن هنا يكون الكون كله قانتا لله، أي أن كل ما في الكون خاضع له ولتدبيره ولأمره ولإرادته ومشيئته.

إن الإسلام ينظر إلى الحياة نظرة خاصة، فللحياة أهميتها ودورها في التربية الإسلامية. فمبدأ الحياة هي كونها دار اختبار وامتحان للإنسان، وأن القرآن الكريم وصف الحياة الدنيا بأنها متاع مؤقت، يستمتع بها الإنسان، وليس له أن يجعلها هدفا وغاية، فيغتر الإنسان بها، وينسى الهدف الذي خلق من أجله، والامتحان الذي أعده الله له. فالدنيا دار فناء، وهي متاع مؤقت ومكان عبور، وهي مليئة بالزينة والزخرف والشهوات والملذات. وهذا هو الابتلاء والاختبار.

ويجوز للمسلم أن يتمتع بالحياة الدنيا وزينتها في حدود الشرع. فالدنيا عالم له قوانينه الاجتماعية والبشرية، والحياة فيها قصيرة الأمد لا تعدو أن تكون ساعة أو يوما من أيام الآخرة. كما أن الحياة الدنيا دار تعب وكدح وجد، فضلا عن أنها دار لعب وفخر وتكاثر.

وهكذا تبدو صفات الحياة بمجموعها بأنها دار غرور. ومع ذلك يجب أن لا يحرم الإنسان نفسه من خيراتها، ويجب عليه أن يصبر على بلواها، وأن يقاوم شهواتها وملذاتها.

ثانياً: الأسس التعبدية:

من المعروف أنه لكل نظام فكري أساليب سلوكية ورياضيات خاصة تغلب عليها عادة الصفة الجماعية، وتكون مصحوبة بمجهود وحركات جسمية منظمة، لتواكب انطباعات الإنسان النفسية والفكرية. وقد أوجد الإسلام تكاملا تربويا لأداء هذه السلوكيات والرياضيات، إذ تظهر العبادات والنسك الإسلامية أعمالا تعبدية وروحية عميقة الجذور، مرتبطة بمعان سامية تنبع من فطرة النفس المسلمة. فقد انتظمت حياة المسلم بممارسته اليومية التعبدية (الصلاة)، مقلما انتظمت بممارسات غذائية سنوية (الصوم)، وبالمفاهيم الاقتصادية (الزكاة)، زيادة على تنظيم وحدة المجتمع الإسلامي الكبير، وإيجاد الروابط والمشاعر الاجتماعية للأمة الإسلامية (الحج).

إن السر في هذه العبادات يكمن بارتباطها بمعنى واحد هو الذي وحد نوازع الإنسان كلها، وألف بين جميع أفراد المجتمع المسلم، ذلك هو العبودية لله وحده، وتلقي التعاليم والأوامر من الله وحده في أمر الدنيا والآخرة كله.

وهذه العبادات تعلم المسلم الوعي الفكري الدائم، لاتصافها بإخلاص النية، والطاعة لله، وممارسة هذه العبادات بالأسلوب الذي سنه رسول الله (ﷺ). وأن العبادات أيضا تربي المسلم على الارتباط بالمسلمين ارتباطا واعيا منظما مبنيا على عاطفة صادقة وثقة بالنفس عظيمة، وترتبط أيضا بتربية النفس المسلمة على العزة والكرامة، وعلى الاعتزاز بالله ، لأنه أكبر من كل كبير، وأعظم من كل عظيم، بيده الموت والحياة والرزق والملك والجاه والسلطان.

وترتبط هذه العبادات بعد ذلك بالجماعة، وتحت لواء العقيدة. فهم جميعا يناجون ربا واحدا، ولا يخلو عملهم هذا من التشاور، إذ يؤدي ذلك إلى حياة قائمة على التعاون والمساواة والعدل.

إن العبادة في الإسلام تعمل بعد ذلك على تربية المسلم على قدر من الفضائل الثابتة المطلقة، فالمسلم هو المسلم بأخلاقه وإنسانيته. والعبادة تزود الإنسان دائما بشحنات متتالية من القوة المستمدة من قوة الله ، والثقة بالنفس المستمدة من الثقة بالله .

وهكذا تكون تربية المسلم بالعبادة مجددة لنفسه باستمرار، تمنحه التوبة التي تزيل عن قلبه وتصوراته ما قد يعلق بهما من أدناس، وتمحو من جوارحه أثر ما قد يكسبه من آثام وأخطاء. فهي جزء من العبادة تقوم على تذكر رقابة الله وجبروته وعقابه. قال تعالى:﴿**وَتُوبُوا إِلَى الله جَمِيعاً أَيُّهَا الْمُؤْمِنُونَ لَعَلَّكُمْ تُفْلِحُونَ**﴾[1].

ثالثاً: الأسس التشريعية:

الشرع في القرآن الكريم هو سن التعاليم الدينية، وبيان العقيدة التي يجب الإيمان بها، وعبادة الله على أساسها، وإصدار الأوامر والنواهي التي تحقق ذلك كله، وهو من خصائص الله تعالى. فكل من سمح لنفسه في التشريع، وأطاع غيره في غير ما شرع الله من أمور الدين وما يرتبط به، ومما وضع الله له تشريعا فقد أشرك مع الله إلها آخر، وفي هذا المعنى يقول الله تعالى في حق من اتخذ مشرعا له من دون الله ﴿**اتَّخَذُوا أَحْبَارَهُمْ وَرُهْبَانَهُمْ أَرْبَاباً مِّن دُونِ الله**﴾[2].

إن الشريعة الإسلامية أساس عظيم من أسس التربية الإسلامية. فهي بمعناها القرآني الواسع بيان للعقيدة والعبادة وتنظيم الحياة، ولتحديد جميع العلاقات

---

(1) - سورة النور، الآية: (31).

(2) - سورة التوبة، الآية: (31).

الإنسانية وتنظيمها. إنها أساس فكري يشمل التصورات الفكرية كافة عن الكون والحياة والإنسان، كما أنها تقدم للمسلم قواعد ونظما سلوكية تجعل حياته مثالا للدقة والنظام والأمانة والخلق الرفيع والمنهجية والوعي السليم، إضافة إلى أنها تربي التفكير المنطقي باستنباط الأحكام مع مرونة الشريعة الإسلامية وحيويتها، مما يوجد شعبا متحضرا حضارة راقية. وهذا يعني أن الشريعة الإسلامية تدعو ابتداء إلى تعلم القرآن والكتابة، وإلى تلاوة القرآن الكريم، وتدبر أحكامه ومعانيه، وإلى تعلم الحساب لتعلم الفرائض، والتاريخ لفهم السيرة، والجغرافيا لمعرفة مواطن الأقوام البائدة، فضلا عن الحض على التفقه في الدين وتعلم الشريعة.

إن هذه الخصائص الفكرية للشريعة الإسلامية لها نتائج مهمة، لتربية عقل المسلم على الشمول والوعي الفكري، والتفكير المنطقي، والرغبة في التعلم.

ولقد جاءت الشريعة الإسلامية بجانب تطبيقي يتجلى في الأمر والنهي، والتحريم والتحليل، والإباحة والحظر، والحدود والعقوبات والقصاص، وأساليب عملية في البيع والزواج وسائر العقود. وهي أيضا ضابط اجتماعي، إذ تصبح الأحكام أعرافا ومصطلحات اجتماعية. والشريعة الإسلامية بعد ذلك ضابط سياسي، فعندما تتولى تنفيذ أوامر الشريعة تصبح تعاليم الشريعة سلوكا سياسيا ستسلكه الدولة مع جميع رعاياها. وهكذا نجد أن الشريعة الإسلامية تربي الناس بأسلوب تربوي نفسي ينبع من داخل النفس، ضابطه الخوف من الله ومحبته، كما تربيهم على التناصح الاجتماعي والتواصي بالحق والتواصي بالصبر.

إن ذلك يستدعي حفظ الدين، فالله تعالى أراد أن يسود الإسلام، ولا يحق لمسلم أن يعيش ذليلا تحت إمرة دين آخر. ويستدعي المحافظة على النفس، فقد حرم الله قتل النفس بغير حق، وأنزل أشد العقوبة بمرتكب هذا العمل. قال تعالى ﴿**وَمَن يَقْتُلْ مُؤْمِناً مُتَعَمِّداً فَجَزَاؤُهُ جَهَنَّمُ خَالِداً فِيهَا**﴾[1].

(1) - سورة النساء، الآية: (93).

ويستدعي أيضا المحافظة على المال، فالمال وديعة في أيدي العباد يستثمرها المسلم بالطرق المشروعة دون ظلم، ولا ينفقها في المفاسد الخلقية، ويستدعي المحافظة على العقل، فقد أشاد القرآن الكريم بذي العقل المفكر. قال تعالى:﴿إِنَّ فِي ذَلِكَ لَآيَاتٍ لِأُوْلِي النُّهَى﴾ [1].

ويستدعي أخيراً المحافظة على الحرث والنسل والأنساب. فمن عظمة الإسلام التربوية أنه حمى الطفولة وأحاطها بحسن الاجتماع المتين، حيث جعل علاقة الأبوين على درجة من المتانة لا يعتريها خلل أو شك.

وهكذا يكون الإيمان هو أساس العقائد، فالإيمان أساس من أسس التربية. والإنسان يؤمن بعد أن يستقر في ذهنه ذلك تصديقا ويقينا. وإذا قوي إيمان المرء تكون سيرته على ما صدقه، واطمأن قلبه إليه. غير أن الإيمان لا يكون لدى جميع الناس مصدر خير، فقد يبني الإيمان لآخرين وفي بعض الأديان على أساس الوثنية والخرافات والأساطير، وهذا يستدعي وجود ضابط لكل عناصر الإيمان وتصورات المؤمن وأفكاره، أي لا بد أن يكون كل ما يؤمن به الفرد حقا وصحيحا. فقد لجأ القرآن الكريم في دعوته إلى الإيمان إلى العقل، يرشده إلى ما يجب أن يؤمن به، فالعناصر الإيمانية الصحيحة هي التي تعتمد على برهان عقلي صحيح.

ولا بد للإيمان من أركان وهي في نظر الإسلام كل لا يتجزأ، وكل من كفر بواحد منها أو بجزئية من لوازمها فقد حبط عمله، ولا يقبل منه إيمانه بباقي الأركان.

ونرى من ذلك أن أركان الإيمان سلسلة لا ينفك بعضها عن بعض، فالإيمان بالله هو الركن الأساسي الأول. وقد أخطأ من اعتقد أن مجرد التسليم أو الاعتقاد بوجود الله، وبكونه خالقا لهذا الكون، أن عقيدته كافية وتنجيه من عذاب الله، لأن الإيمان الصحيح بالله تعالى يجب أن يشتمل أولا على معرفة معنى الإله، وثانيا إثبات معنى الإلوهية لله عز وجل، وثالثا نفي معنى الإلوهية عن كل كائن سوى الله.

---

(1) - سورة طه، الآية: (54).

لقد تصورت معظم الأديان عدا الإسلام تصورا خاطئا أو ناقصا أو ملوثا بالتشبيه والتجسيد والتناسل، أما الإسلام ودستوره القرآن فقد صحح هذه التصورات الخاطئة.

فخلاصة ما جاء بالقرآن الكريم عن معنى الإلوهية أنه لا يجوز أن يكون صمدا، حيا، قيوما، لم يلد ولم يولد، ويكون من الأزل، فليس قبله شيء، ويبقى إلى الأبد، فليس بعده شيء، ويكون علمه محيطا بكل شيء، ورحمته وسعت كل شيء، وقوته غالبة على كل شيء، كما يكون منزها عن أي نقص في حكمته أو عيب في عدالته، ويكون قادرا، مشرعا، حاكما على الإطلاق، واهبا للحياة، ومهيئا لأسبابها ووسائلها، مالكا لكل قوة من قوى النفع أو الضرر، ويكون كل من سواه محتاجا لعطائه، فقيرا إلى حفظه ورعايته، كما يكون إليه مرجع كل مخلوق، ويكون هو المحاسب والمجازي لكل من سواه.

وهكذا تنظم عقيدة التوحيد حياة الإنسان النفسية، وتوحد نوازعه وتفكيره وأهدافه، وتجعل كل عواطفه وسلوكه وعاداته قوى متضافرة متعاونة ترمي كلها إلى تحقيق هدف واحد، هو الخضوع لله وحده. فعقيدة التوحيد والإيمان بالله تربي عقل الإنسان على سعة النظر وحب الإطلاع على أسرار الكون، والطموح إلى معرفة ما وراء الحس. وتربي عند الإنسان التواضع، وعدم التطرف أو الغرور، وهنا يبتعد الإنسان عن التعلل بالآمال الكاذبة، فلا تنفع عند الله شفاعة الشافعين إلا لمن يأذن الله ويرضى. وما من أحد يفيده تقربه من الله إلا عن طريق العمل الصالح، فليس لله قرابة رحم، ولا صلة أبوية، ولا صحبته سابقة لأحد من العالمين، فالكل عباد الله والكل محاسبون مجزيون بأعمالهم، إن خير فخير، وإن شر فشر.

وهناك ركن آخر مهم من أركان الإيمان وهو الإيمان بالملائكة، فإذا تدبرنا الآيات التي ذكرت فيها الملائكة يمكن أن نقول: إن الملائكة كائنات خلقها الله، وسخرها لأعمال ومهمات معينة، ولعل من أشرف هذه الوظائف النزول بالوحي على الأنبياء، وهم أيضا ليست لهم بالله أية صلة، من حيث القربى والنسب. فقد أمر الله سبحانه أن يسجدوا لآدم عندما خلقه

- 34 -

اعترافا بفضل الـلـه وإبداعه فيما خلق، وبميزة الإنسان على الملائكة، وهكذا لا يجوز لإنسان أن يعبد ملكا.

ومن أركان الإيمان الأخرى هو الإيمان بكتب الـلـه المنزلة. فالكتاب المنزل يحتوي على شريعة الـلـه وأوامره وكلامه وهديه الذي ينير للبشر سبل الحياة، ويحدد لهم ما كلفهم الـلـه به من حرام وحلال وأوامر ونواه وعبادات ونسك... وغير ذلك.

ومن أركان الإيمان أيضا الإيمان بالرسل، فالرسول هو القدوة والمربي الأول لجيل مثالي، يكون من بعده من أجيال البشرية تبعا له، وفي الإسلام يمكن اقتباس الأساليب العملية للتربية الإسلامية من حياة الرسول محمد (ﷺ).

ومن أركان الإيمان، الإيمان باليوم الآخر، فالنتيجة الطبيعية لنظرة الإسلام إلى الكون والحياة هي الإيمان بالحياة الآخرة، فالدنيا مرحلة مؤقتة، ولم يخلق الـلـه سبحانه الكون عبثا، وقد خلقه إلى أجل مكتوب عنده. وتقوم النتائج التربوية للإيمان باليوم الآخر على أساس تربية الشعور الحقيقي بالمسؤولية، وتحقيق الأخلاق الفاضلة المطلقة، والتحكم بجميع الدوافع والغرائز، وإيثار الآخرة على الدنيا، والصبر على الشدائد، وتربية العقل على الفطرة السليمة.

أما الركن الأخير من الإيمان فهو الإيمان بالقدر خيره وشره، وهذا الإيمان من لوازم الإيمان بالـلـه ، لأن الـلـه هو الذي قدر كل ما سيقع في الكون والمجتمع الإنساني. وقد جعل رسول الـلـه (ﷺ) الإيمان بالقدر ركنا مستقلا، وجانبا مهما في حياة الإنسان وتربيته، إذ إن من آثاره التربوية العزم والقضاء على التردد، وعدم الندم والحسرة على ما فات، والجرأة أمام الموت، والتفاؤل والرضا.

وبالنتيجة فإن المؤمن يتربى على التعقل، وعدم تعليل الأمور، بحسب هواه ومصلحته، بل يجب عليه أن يدرك أن لكل ظاهرة كونية فوائد ومضارا فيطلب الفوائد ويبتعد عن المضار.

مفهوم التربية الإسلامية

لقد شاع استعمال كلمة التربية كثيرا وسارت على ألسنة الناس قديما وحديثا. ومع ذلك فهي تعني بمعناها الواسع كل ما يؤثر في حياة الفرد من خلال تفاعله المستمر مع المجتمع، تفاعلا يؤدي إلى تعديل سلوكه. وهي عند بعض المفكرين من أوسع الميادين التي لا يمكن أن يحيط بها البحث، فهي ليست قاصرة على مرحلة معينة في حياة الفرد، بل هي عملية مستمرة من المهج إلى اللحد تجري في جميع الميادين والبيئات والأماكن. وبحسب هذا المفهوم يكون موضوع التربية هو الفرد، واستنادا إلى ذلك فإن البرنامج التعليمي ما هو إلا محاولة يؤديها المتخصصون للتأثير على نمو الأفراد، ويكون ذلك باختيار الخبرات التي تنمو بها القيم المطلوبة لهؤلاء الأفراد، وكذلك تنظيم الخبرات.

إن التربية هي الوسيلة والأسلوب الاجتماعي الذي يكتسب به الأفراد طرائق الحياة وقيم المجتمع الذي يعيشون فيه، لأنها أداة رئيسة يعتمد عليها في التعبير عن إرادة التغيير.

والتربية أحد العناصر الأساسية في تحقيق التنمية، لأن جدوى التربية ينبغي أن يقاس بمقدار ما تسهم به، لا في النمو الاقتصادي الكمي فحسب.

أما التربية الإسلامية فتحتل مكانة مهمة في العملية التربوية من خلال ما تتضمنه من أبعاد روحية وتربوية وعلمية وأخلاقية، مستنبطة في القرآن الكريم والسنة النبوية المطهرة. وهي تهدف إلى بناء شخصية متكاملة ومتوازنة.

والتربية الإسلامية لم تعد مجرد مقررات تعليمية تتصل بالدين الإسلامي وعقائده وشرائعه وأخلاقه، بل هي علم متكامل له أهدافه ومباحثه. وبناء على تلك القناعة ورغم اختلاف وجهات النظر في مجال التربية الإسلامية فقد طرحت

مفاهيم تدل على مغزى هذه التربية. فهي إطار فكري يتناول قضايا التعليم ومفاهيم التربية المختلفة في أسسها النظرية ووسائلها العملية، ومصدر هذا الإطار القرآن والسنة بصفة رئيسة، ثم تأتي الجهود الفكرية لمفكري الإسلام.

إن التربية في الإسلام هي إعداد الإنسان منذ الطفولة لإنجاز مهمات الإسلام، لنيل سعادة الدارين، وبهذا انفردت التربية الإسلامية عن سائر النظريات التربوية. وإن الغاية الأساسية من التربية الإسلامية تكون في جعل الدين، فهو اتجاه المرء عقليا أو انفعاليا نحو الـلـه سبحانه وتعالى، والارتباط به ارتباطا يجعله يؤدي ما عليه من حقوق وواجبات اتجاه الخالق، والالتزام بأوامره واجتناب نواهيه. وهو وضع إلهي بوصفه مجموعة العقائد والعبادات والأحكام والقوانين التي شرعها الـلـه سبحانه لتنظيم علاقة الناس بربهم.

والدين الصحيح هو الذي يجمع بين جانبي الروح والمادة أو بين عالم الروح وعالم المادة، وهو الذي يوازن بين متطلبات الروح ومتطلبات الجسد. فهو دين الوسطية الذي جمع بين مطالب الروح ومطالب الجسد، وبين عالم الغيب والشهادة، وبين الآخرة وحاجات الدنيا. لذا جيب أن يكون هدف العملية التعليمية تلبية حاجات الروح والجسد معا.

وعلى هذا فليس المقصود من الدين في المجال التعليمي هو تفهم النصوص وحفظها ودارسة المنهج المقرر فحسب، وإنما إلى جانب ذلك هو عادات تمارس ومهارات تكتسب، تؤدي إلى تنظيم سلوك الفرد وتكوين أخلاقه وفضائله التي ينبغي أن يحرص عليها، ويتمسك بها في حياته.

إن الهدف الأول في تدريس الدين هو تعليم الطلبة بطريق الممارسة كيف يسلكون في حياتهم سلوكا دينيا حميدا، مع توفير الأمل والطمأنينة لهم، وتخليصهم من المشكلات في حياتهم. وذلك يقتضي من المربين أن يجعلوا الدين شيئا ذا قيمة في حياة

الطلبة وفي كيانهم، وأن يرتفعوا بمستوى شعورهم الديني، بحيث تنعكس تعاليم الدين وقضاياه العلمية وقواعده المعرفية على ألوان سلوكهم.

وهكذا فإن التربية الإسلامية مستمدة من طبيعة الدين الإسلامي، وهي تستمد من القرآن الكريم الإطار المرجعي لشؤون الحياة كافة، وهو الأصل في تشريع الأحكام وتحديد التصرفات، وهو يشتمل تصورا للكون والإنسان والحياة، وهو الدستور الجامع لحياة الأمة الإسلامية.

ففي القرآن الكريم منهج كامل للتربية من حيث فلسفتها ومبادئها وأهدافها وأساليبها ووسائل التقويم فيها. وفيه عناية كبيرة بكل ما يهم التربية والفلسفة، إذ يعالج نشوء الخليقة ونشوء الإنسان وطبيعته، ويؤكد وجود النظام في المجتمع والطبيعة، ويطلب تهذيب النفس وتقويم السلوك لتحقيق الأهداف التربوية السليمة.

إن التربية الإسلامية بعد ذلك تربية إنسانية لأنها تعني بالإنسان في مرحل حياته كلها. والتربية التي تعنى بتنشية الإنسان يقوم عليها أفراد إنسانيون. ولذا اصطفى اللـه سبحانه وتعالى من عباده رسلا وأنبياء لتبليغ الهداية ونشرها.

ونجد أن القرآن الكريم يعنف المشركين الذين كانوا يطالبون برسل من الملائكة، ويستنكرون كون الرسل بشرا قال تعالى﴿**قُل لَّوْ كَانَ فِي الأَرْضِ مَلائِكَةٌ يَمْشُونَ مُطْمَئِنِّينَ لَنَزَّلْنَا عَلَيْهِم مِّنَ السَّمَاءِ مَلَكاً رَّسُولاً**﴾[1].

فهذه الآية وآيات أخرى كثيرة تظهر أن من لطف اللـه عباده أن يبعث فيهم رسلا من أنفسهم، لأن هذا يعينهم على فقه ما يبلغونهم به، إذ لو كان الرسل ملائكة لما استطاع البشر الأخذ عنهم والتفاعل معهم.

وهكذا فإن الدين نوع من أنواع الحماية الفكرية والروحية والسلوكية، إذ له القدرة على إذ له القدرة على إعادة تشكيل السلوك على نحو أفضل.

---

(1) - سورة الإسراء، الآية: (95).

لقد أخذت التربية الإسلامية حيزا بين المناهج التربوية العالمية منذ اللحظات الأولى للبعثة المحمدية، حيث عرف عن الدعوة الإسلامية بأنها دعوة العلم والمعرفة، فقد كانت أول آيات القرآن الكريم هي: ﴿اقْرَأْ بِاسْمِ رَبِّكَ الَّذِي خَلَقَ...﴾[1].

وقد عملت هذه التربية السماوية بالوسائط كافة (القرآن والحديث الشريف) على تنمية جميع جوانب الشخصية الإسلامية الفكرية والعاطفية والجسدية والاجتماعية والروحية، وتنظيم سلوكها على أساس فن مبادئ الإسلام وأحكامه وتعاليمه، لتحقيق الأهداف في شتى المجالات.

إن التربية الإسلامية مصنع تربوي يمكن أن يشكل الفرد ويضعه في ضوء مثل عليا وقيم سامية، وهي تربية تهيئ له فرص النمو المتعدد، وتمده بوسائل النضج المتوازن، وتشكله على نحو يتلاءم فيها سلوكه مع معتقده وقيمه، فضلا عن أنها تزود الأفراد بما يحميهم من الانحراف، وتعرفهم طريق الهدى والرشاد، وتحبب إلى نفوسهم الخصال الحميدة وفعل الخير، وفي هذا تماسك المجتمع وقوته.

لقد تميزت التربية الإسلامية بميزة التربية الحديثة من حيث العناية بالطفل، بوصفه كائنا حيا له اعتباره المستقل، وحقه في النمو نموا طبيعيا، وتمتعه بمواهبه التي منحها الله له، إذ إن التربية الإسلامية لا تعد الطفل وافدا مزعجا لوالديه ليحيطاه بأغلال وقيود تحد من مواهبه، ولنا في رسول الله (ﷺ) أسوة حسنة في رحمته بأحفاده وأبناء المسلمين، رفقا وشفقة ورأفة بهم.

والتربية الإسلامية تربية واقعية لأنها تتعامل مع إنسان يعيش على ظهر الأرض، لا مع إنسان خيالي، أي أنها تبدأ بالإنسان من حيث هو إنسان، ثم تعمل على إيصاله إلى كماله الإنساني. فالمبادئ الإسلامية لا تعمل في فراغ، بل إنها تتفاعل مع ما غرسه الله سبحانه وتعالى في طبيعة الإنسان. التربية الإسلامية واقعية لأن الكون الذي يتفاعل معه الفرد حقيقة موضوعية لا فكرة مجردة.

---

(1) - سورة العلق، الآية: (1).

وهكذا فالتربية الإسلامية عملية تفاعل بين الفرد والبيئة الاجتماعية المحيطة به، مستضيئة بنور الشريعة الإسلامية، بهدف بناء الشخصية الإنسانية المسلمة، المتكاملة في جوانبها كافة، وبطريقة متوازنة.

وإذا أردنا الحديث أكثر من ذلك عن مفهوم التربية الإسلامية، فإنه ينبغي أن نعرف أن الإسلام ثورة حضارية بما جاء فيه من عقيدة في توحيد الوجود وتكوينه، وبما وضع من نظام لحياة الإنسان وحياة المجتمع، وبما دعا إليه من إخوة إنسانية شاملة.

إن التربية الإسلامية تدعو الإنسان إلى تأمل هذا الكون، ودراسته والتفكير في نظامه وسننه، وتقدير ما فيه من معاني الوجود ومعاني الحياة. ومع مبدأ التوحيد والنظرة إلى ما في الكون لا يجوز للمسلم أن يبخس حق الروح وحق الجسد، إذ يجب تأكيد التوازن بين الروح والجسد، فهما ملاك الذات الإنسانية. وإن التربية الإسلامية تؤكد احترام عقل الإنسان ودعوته إلى أن يكون هو المعول عليه، وفي القرآن تأتي هذه الدعوة متكررة للاعتماد على العقل في أمر العقيدة وفي شؤون الحياة عامة، وهي تشمل سائر وظائف العقل(الإدراك والفهم والوازع الأخلاقي والحكمة والتفكير).

وهكذا فإن الإسلام دين التوحيد والوحدة، ويجب أن تسير التربية الإسلامية في هذا الإطار، ركيزتها الإيمان بالله الواحد الأحد خالق الكون واهب النعم. وضرورة عبادة الخالق عبادة صادقة لأنها تحرر الإنسان من العبودية لكل المخلوقات. والتربية الإسلامية أيضا تعمل على تكريم الإنسان، وتبين له أن الكون خلق لإسعاده. إن الدين الإسلامي بعد ذلك دين العقل والعلم، فهو يدعو لاعتماد العقل والفكر مثلما يحث على طلب العلم والبحث عن الحق والحقيقة. والإسلام دين العدل، والحرية، والإخاء، والعمل، والتكافل الاجتماعي، والشورى في الحكم، والأخلاق والفضائل، والتسامح، والتفاهم.

ويمكن استخلاص من كل ما تقدم ما يأتي:

- تقوم التربية الإسلامية على مبدأ الخلق الهادف. ويعني أن اللـه جل جلاله هو الخالق، وجميع ما عداه مخلوقات له. وأن ذلك ينعكس على العملية التربوية، فتكون عملية مقدسة هادفة، ميدانها الكون، ومحورها الإنسان، وهدفها الحياة المؤمنة.
- وتقوم التربية الإسلامية على مبدأ الوحدة. وهذا يعني أن اللـه الواحد الأحد خلق الكون والإنسان والحياة في انسجام كامل. وينعكس ذلك على العملية التربوية من أنها توحد في النظرة إلى العلوم والمعارف جميعا.
- وتقوم التربية الإسلامية على مبدأ التوازن، ويعني أن اللـه سبحانه وتعالى خلق كل شيء بقدر. وينعكس ذلك على العملية التربوية في أهمية النظرة إلى توازن العلوم التي يحتاج إليها الفرد والمجتمع. يزاد على ذلك التوازن بين النظرية والواقع، والتوازن بين القول والعمل.
- إن التربية في الإسلام إذن ليست كما منفصلا عن غاية الدين ومنهج الإسلام في الحياة، بل هي التي استخدمها النبي (ﷺ) في نشر الدين وتربية الجيل، وتنظيم الحياة بجميع ميادينها على هدي من القرآن الكريم.

وخلاصة القول إن التربية الإسلامية عملية هادفة، لها أغراضها وأهدافها وغاياتها. وإن المربي الحق هو اللـه سبحانه وتعالى، وبالتالي فإن عمل المربي هو تال وتابع لخلق اللـه وإيجاده.

وتتمتع التربية الإسلامية بخصائص قد لا تكون في أي نوع من أنواع التربية الأخرى. فهي (ربانية)، أي أنها عملية مقدسة عظيمة. فاللـه المربي العظيم بما نزل وبين من أحكام وتعاليم تجسدت في القرآن الكريم دستور المسلمين. وهنا يجب عقد الصلة الدائمة بين العبد وربه.

وهي شمولية، أي تشتمل على العلوم الدينية والدنيوية جميعها، إلا إنها تدعو إلى ضرورة التعمق والتفقه في الدين. قال تعالى:﴿**فَلَوْلاَ نَفَرَ مِن كُلِّ فِرْقَةٍ مِّنْهُمْ طَائِفَةٌ لِّيَتَفَقَّهُوا فِي الدِّينِ وَلِيُنذِرُوا قَوْمَهُمْ إِذَا رَجَعُوا إِلَيْهِمْ لَعَلَّهُمْ يَحْذَرُونَ**﴾[1].

وقال (ﷺ) : (من يرد الـلـه به خيرا يفقه في الدين». وهي تقول بالتوازن، أي التعامل والتساوي بين النظرية والتطبيق. وتعني كذلك توازنا بين المعرفة الإنسانية المفيدة للفرد، والمفيدة للمجتمع. قال:﴿**وَلاَ تُسْرِفُوا إِنَّهُ لاَ يُحِبُّ الْمُسْرِفِينَ**﴾[2].

وهي إلزامية، أي يجب على كل فرد مسلم ذكرا أكان أم أنثى، أن يتعلم. قال (ﷺ) (طلب العلم فريضة على كل مسلم ومسلمة).

وهي إنسانية، أي أنها تعني إن البشرية كلها مخلوقة لله. بمعنى أنها تؤمن بالمساواة والعدالة بين البشر، والالتزام بالعبادة لله عز وجل.

وهي أخلاقية، أي أن الأخلاق في الإسلام تشكل جانبا مهما في حياة الإنسان المسلم. والأخلاق هي من ثمار الإسلام، وهي من الضوابط النفسية والاجتماعية للفرد والمتجمع. قال تعالى يمدح نبيه الكريم:﴿**وَإِنَّكَ لَعَلَى خُلُقٍ عَظِيمٍ**﴾[3]

وهي أخيرا عملية، أي تأكيدها الناحية العملية لآثارها المهمة في الحياة الدنيا. قال (ﷺ) :«الـلـه م إني أعوذ بك من علم لا ينفع».

إن للتربية الإسلامية بعد ذلك وظائف وأهدافا:

أما وظائفها فهي روحية، ونفسية، واجتماعية، وفكرية. فإن تعتقد بالـلـه ، وتقوي إيمانك به، وتعتز به، وتراقبه في السر والعلن فهذه وظيفة نفسية. وأن تهتم التربية بالصلاح والتقوى والامتثال لأوامر الـلـه ، وتجنب ما نهى عنه، والحرص على

(1) - سورة التوبة، الآية: (122).
(2) - سورة الأنعام، الآية: (141).
(3) - سورة القلم، الآية: (4).

طاعته فتلك وظيفة اجتماعية. وأن تنظر إلى الكون نظرة تعقل وتدبر فتلك وظيفة فكرية.

فيما يلي بعض الموضوعات المهمة التي تعين على الارتقاء معرفيا ومهاريا بالمعلم، وبذلك نسهم في حسن إعداده لأداء دوره التربوي العظيم، ويتعلق الموضوع الأول بالمراحل السنية المختلفة وخصائصها واحتياجاتها.. ويتعلق الثاني ببعض طرق التدريس ويتعلق الثالث ببعض الوسائل التعليمية التي ينبغي أن يستخدمها المعلم ويتعلق الرابع ببعض مهارات التدريس التي ينبغي أن يتمرس بها المعلم سائلين المولي عز وجل العون والتوفيق.

أولا: بعض مراحل النمو

(1) مرحلة الطفولة المتأخرة

من 6- 12 سنة

يلاحظ أن النمو في هذه المرحلة بطئ عنه في المرحلة السابقة والمرحلة اللاحقة، وتمتاز هذه المرحلة بأنها مرحلة استقرار في كل من الناحيتين الجسمية والانفعالية. **وأهم خصائصها:**

النمو الجسمي

(1) يزداد معدل نمو الطفل في السنتين الأولیين من هذه المرحلة(6- 8) ثم يقل معدل النمو بعد ذلك حتى نهاية المرحلة.

(2) يكون النمو سريعا في الطول ويميل الطفل إلى النحافة.

(3) تتحسن صحة الطفل تحسنا ظاهرا بعد ذلك، لأن النمو يستنفد جزءا بسيطا من طاقته الحيوية.

(4) يزداد النشاط والحركة ويتبعه النشاط نحو الأعمال التي تحتاج القوة الجسمية كالوثب والقفز والتسلق، كما يميل الأطفال إلى مشاهدة مباريات الملاكمة والمصارعة وأفلام المغامرة ويعشقون الرحلات.

(5) يتم التوافق بين العضلات الدقيقة في حوالي السابعة، ويساعد ذلك في كسب المهارات، فيميل الأطفال إلى الأعمال الدقيقة إلى جانب الأعمال الميكانيكية التي تحتاج إلى فك وتركيب.

واجب المدرس إزاء النمو الجسمي:

(1) الطفل في هذه المرحلة بحاجة إلى الرعاية الصحية من حيث التغذية الكافية، فإذا ما ظهر أي اعتلال في صحة الطفل، فعلى المدرس أن يحيله إلى الجهات الصحية المسئولة.

(2) يجب على المدرس ألا يغفل أهمية النشاط والحركة في المدارس، فالطفل في حاجة إلى الهواء الطلق والشمس، فعلى المدرس أن يهيئ للأطفال كثيرا من أنواع النشاط المدرسي والرحلات والأعمال الجماعية.

(3) لا يكلف المدرس الطفل في بدء هذه المرحلة بالأعمال الدقيقة التي تحتاج إلى التوافق حتى يتم النضج العضلي.

النمو الحسي

(1) تنمو حاسة البصر وتتحسن في هذه المرحلة، ولكن يظهر قصر النظر ويتضح في البنات أكثر من البنين، كما تظهر القدرة على التمييز بين الألوان، وهذه القدرة عند البنات أكثر منها عند البنين، فالعمى اللوني نادر جدا عند البنات.

(2) تنضج حاسة السمع حوالي السابعة، ويستطيع الطفل في هذه المرحلة التمييز بين النغمات الصوتية المختلفة.

واجب المدرس إزاء النمو الحسي:

(1) يجب العناية بحاسة البصر لدى الأطفال- سواء كانوا بالمنزل أو بالمدرسة- إذ إن الإهمال يؤدي إلى فقد البصر.

(2) يجب أن تكون حروف الكتابة على السبورة كبيرة نسبيا، كما تراعى المسافة بين الطفل وما يقرأه فيه أو يكتب عليه، بحيث لا تقل عن 30سم.

(3) يلاحظ المدرس قوة سمع التلاميذ وبصرهم، فإذا ما كشف ضعفا في أحدهما أو كلاهما بادر بتحويله إلى الوحدة العلاجية.

النمو العقلي

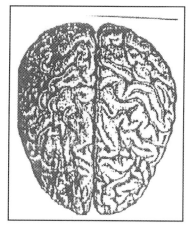

(1) يتميز الطفل في الناحية العقلية بأنه عملي في تفكيره، **ويظهر ذلك في:**

(أ) ميل الطفل إلى الاستماع إلى قصص البطولة والواقع.

(ب) في الرسم إذ يحاول الأطفال رسم الأشياء بحجمها الطبيعي وبصورتها الواقعية.

(ت) اللعب وتتحول ألعاب الطفل في هذه المرحلة إلى الواقع، فبدلا من أن يجعل قطعة الخشب حصانا كما كان في الطفولة المبكرة، نجده يصنع منها شيئا نافعا كحصالة أو كشك، ويتحول عن اللعب الإيهامي.

(ث) الطفل أقدر على فهم المجردات في هذه المرحلة إذ تنمو قدرة الفرد على التفكير المجرد الذي يربط بين الأسباب والنتائج.

(ج) تظهر الفروق الفردية بين الأطفال في هذه المرحلة، ولكن لا تظهر القدرات الخاصة بقدر ما تظهر مجموع هذه القدرات وهي ما تعبر عنه بالقدرة العقلية العامة(الذكاء).

وأهم العمليات العقلية التي تظهر هي:

(1) **الاستطلاع:** يميل الطفل إلى الاستطلاع والكشف عما حوله، وما تقع عليه حواسه. فهو دائم السؤال، كثير الإلحاح، ويظهر رغبة ملحة في الحصول على إجابات الأسئلة.

(2) **الانتباه:** ويقصد به القدرة على تركيز الانتباه وتنظيم الأفكار حول موضوع معين، ويفتقر الطفل إلى هذه القدرة حتى سن العاشرة من عمره، وانتباه الطفل في أول هذه المرحلة انتباه غير إرادي. ومن هنا تأتي أهمية إثارة ميول الأطفال الإرادي يكون ضعيفا، ويزداد بعد ذلك بالتدريج.

(3) **التذكر:** يميل الأطفال في بدء هذه المرحلة إلى التذكر الآلي، وقد يساعد ذلك في الحفظ عن ظهر قلب، وذلك لأن ذكاء الطفل لم يكتمل بعد، ثم يبدأ بعد ذلك الحفظ القائم على الفهم.

(4) **التصور:** ويقصد بالتصور أن يستعيد الإنسان في ذهنه صورا لأشياء حسية سبق أن أدركها من قبل، ويميل الأطفال إلى تكوين صور بصرية عما يفكرون فيه أكثر من الصور السمعية أو اللمسية.

(5) **التخيل:** هو تكوين صور ذهنية لم يسبق للفرد إدراكها من قبل، ويميل الطفل منذ الثامنة إلى تخيل ما هو واقعي- خصوصا- بعد أن ينضج تفكيره، فالطفل لا يتقبل القصص الخرافية التي تسرد له والتي كان يحبها من قبل، بل يميل إلى القصص الواقعية- وخصوصا- قصص المغامرات

والبطولة ويظهر الاختلاف بين البنت والولد، إذ تميل البنت إلى القصص التي تدور حول الحيوانات أكثر من ميلها إلى المغامرات.

(6) **التفكير**: يرتقي تفكير الطفل وينضج- وإن كان في أوائل هذه المرحلة يتصل بشخصه وذاته- ثم يقل العنصر الشخصي من التفكير ويظهر التفكير المنطقي ويتحسن تحسنا كبيرا في أثناء هذه الفترة.

واجب المدرس نحو هذه الصفات:

(1) إشباع ميل الطفل إلى الاستطلاع بمنح الطفل الفرص اللازمة للبحث والقراءة وتنظيم مجهوده وتوجيهه إلى مصادر الاطلاع، كما ينبغي أن يربط التدريس بمظاهر الحياة والأشياء الموجودة في البيئة.

(2) يجب تشجيع الأطفال على الحفظ القائم على الفهم وإدراك العلاقات وتجنب الحفظ والأشياء الموجودة في البيئة.

(3) استغلال ميل الطفل إلى الجمع والاقتناء في دروس العلم.

(4) استخدام الوسائل التعليمية، لأن الطفل يعتمد على حواسه في كسب الخبرة.

(5) يجب أن تقسم الدروس إلى فترات تسمح للطفل بالانتباه.

(6) يجب أن تكون موضوعات المنهج ملائمة لمستوى نضج الأطفال.

(7) يجب أن يراعى في توزيع الأطفال على الفصول الفروق الفردية التي بينهم من حيث المستوى العقلي، وأن يراعي في تلاميذ الفصل الواحد التجانس العقلي بقدر الإمكان.

النمو اللغوي

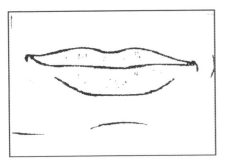

تزداد المفردات، ويزداد فهمها كلما تقدم السن. ويدرك التباين والاختلاف القائم بين الكلمات، كما يدرك التماثل والتشابه اللغوي، ويزيد إتقان الخبرات اللغوية ومهاراتها.

النمو الانفعالي

(1) تمتاز الحياة الانفعالية للطفل في هذه المرحلة بالاستقرار والثبات، فيمتاز الطفل بالهدوء نتيجة لضبط انفعالاته تبعا لعملية التطبيع الاجتماعي ونمو خبراته، ولعل سبب تسمية هذه المرحلة بمرحلة الطفولة الهادئة هو سلوك الطفل الانفعالي الهادئ، فالطفل- مثلا- يثور ويغضب ويخالف ويعتدي ولكن هناك فرق في الدرجة(نسبيا).

(2) تظهر انفعالات الخوف والغيرة، ولكن بطرق تختلف عن خوف الطفل وغيرته قبل دخول المدرسة.

واجب المدرس نحو النمو الانفعالي:

أن يتفهم سلوك الطفل كما يشبع حاجاته النفسية- خصوصا- الحاجة إلى التقدير والنجاح والراحة والأمن وأي ضغط من جهة الكبار يحول دون تعبير الطفل عن مشاعره يؤدي إلى كبحها وكبتها والتعبير عنها بشكل مقنع كالكذب والعدوان والإسقاط وأحلام اليقظة، لذلك يجب إشباع هذه الحاجات بطريقة سوية تؤدي إلى نمو الطفل نموا انفعاليا سليما.

النمو الاجتماعي

تتسع حياة الطفل فتظهر رغبته في أن يكون مرغوبا من الجماعة، ويتميز النمو الاجتماعي بما يلي:

(1) الولاء للأصدقاء.

(2) شعور الطفل بقدرته على تحمل شيء من المسئولية مستقلا عن الكبار.

(3) زيادة التنافس الحماسي بين الأطفال، وهذا الحماس يزيد دفعهم إلى القيام بأعمال كثيرة وتكوين مهارات متعددة كما يؤدي إلى التعاون أحيانا.

(4) يزداد احتكاك الطفل بجماعات الكبار وتشرب معاييرهم واتجاهاتهم وقيمهم، ويزداد تأثير جماعة الأقران. ويكون التفاعل الاجتماعي مع الأقران على أشده يشوبه التعاون والتنافس والولاء والتماسك واللعب الجماعي. ولكي يحصل على رضا الجماعة تجده يساندها ويساند معاييرها ويطيع قائدها، كما تنمو فردية الطفل وشعوره بفرديته، وبفردية غيره من الناس.

(5) يتأثر بالبيئة الاجتماعية التي يتربى فيها، فإذا كانت بيئة متدينة نشأ على ما تربى عليه، وتطبع بذلك، ويأخذ السلوك الديني وأداء الفرائض شكلا اجتماعيا تقليدا للقدوة في المنزل والمدرسة والحي، وتتسع آفاق الطفل دينيا ويعرف أن الله ليس ربه وحده بل هو رب العالمين.

ثانيا: بعض طرق التدريس

[1] الإلقاء أو التلقين:

وهذه الطريقة تعتمد اعتمادا كليا على المعلم لأنه يقوم بتحضير المادة الدراسية وتلقينها للأطفال وهذه الطريقة تصلح مع الأطفال أثناء تدريس بعض المواد مثل حفظ القرآن الكريم والأحاديث النبوية.

[2] المناقشة:

وهذه الطريقة تتسم بالإيجابية لأنها تقوم على المشاركة بين المربي والأطفال في الوصول إلى تحصيل المادة الدراسية وهي تتناسب مع جميع المراحل السنية وتصلح في المواد التي تعتمد على الفهم والتفكير دون الحفظ.

تتضمن هذه الطريقة: الإثارة بالأسئلة التمهيدية- الاستماع لآراء الأطفال- التدرج من السهل إلى الصعب ومن العام إلى الخاص....

[3] الملاحظة والتوجيه:

وتعتمد على الاستفادة من الطبيعة التي خلقها الله من أشجار وبحار وأنهار وعلى ملاحظة المواقف السلوكية المختلفة ثم تقديم التوجيه المناسب لكل منها وهذه تلائم بعض المواد التدريسية مثل العقيدة والآداب والعلوم.

[4] الأنشطة الفنية:

وتتم عن طريق صياغة المواد الدراسية في شكل أعمال فنية مثل المسرحية- اللقاء المتعدد الفقرات- الأناشيد- المهرجانات- مسرح العرائس.... وهذه الطريقة مشوقة للسن الصغير.

ثالثًا: الوسائل التعليمية

هي وسائل مثيرة من بيئة المتعلم يستعملها المعلم لإيضاح الفكرة أو المعنى أو المعلومة التي يريد توصيليها.

أولاً: أهمية الوسائل التعليمية:

- وسيلة جذب للمتعلم تخرجه من روتين العملية التعليمية.
- تعمل على إثراء العملية التعليمية.
- تحقق أهداف التعلم المتنوعة نتيجة لاستجابة المتعلم للمثيرات التي يقدمها المعلم ومهمة المعلم هي تطوير إجابة المتعلم المبدئية إلى الإجابة المطلوبة التي تهدف إليها عملية التعليم.

ثانيًا: بعض الوسائل التعليمية:

(1) الأشياء (العينات الطبيعية أو الصناعية)

هي ترجمة للرمز غنية جدًا بالمثيرات التي يدركها الإنسان عندما تعرض له.

مثال: كلمة وردة (رمز) يتوقف معناه على سابق خبرة السامع ولكن رؤية الوردة (الشيء نفسه) تحمل للإنسان معاني كثيرة [شكلها - لونها - تركيبها - حجمها - ملمسها].

مميزات استخدام الأشياء كوسيلة:

1- الشيء محبب عن الرمز فيشد الانتباه ليصبح وسيلة جذب أقوى من الرمز.

2- كثير التفاصيل غالبًا إلا أنه قد يشتت التركيز بسبب ما يقدمه من مجال واسع للإثارة الحسية.

العيوب:

قد يكون من الصعب إنتاجها أو إيجادها فمثلاً كل منا يستطيع أن ينطق كلمة بقرة في أي وقت ولكن يصعب علينا أن نحضرها أو نرسمها في كل وقت نتكلم فيه عنها.

التطبيق:

في شرح الحج حينما نحضر نموذج الكعبة ونرسم الجبل ونأتي بالحجر وكل الأشياء المرتبطة بالحج يسهل كثيراً في توصيل المعلومات عن شرحها بدون استخدام هذه الوسائل.

وقد نستعيض عن الشيء نفسه لعدم تمكننا من إحضاره بنموذج لهذا الشيء كما في مثال الكعبة أو عينة من الشيء إذا كنا نريد التركيز على جزء معين منه وليس الشيء كله.

مزايا النماذج والعينات:

● تمثل الشيء الكبير الحجم الذي لا نستطيع إحضاره.

● توضح الأفكار والقيم المجردة كتوصيل معاني أسماء الله الحسنى.

عيوب النماذج والعينات:

● تؤدي بساطة النموذج إلى نقل صورة خاطئة عن الشيء نفسه فيجب عند استخدام النموذج التأكيد على الفرق بينه وبين الأصل.

● فقدان النموذج للحيوية التي يتميز بها الشيء نفسه ففي مثال الكعبة أو الحج لا ينقل نموذج الكعبة الروح التي تجدها حينما نراها.

(2) التمثيل:

هو تعبير يهدف إلى تجسيد المواقف والأحاسيس وبلورتها وبالتمثيل ينقل إلى المشاهد ما لا تستطيع صفحات من الكتاب أن تستوعبه.

المزايا:

- يؤثر في المشاهد بقوة ويجذب انتباهه.

- يقرب التمثيل الحقائق الماضية كتمثيل الغزوات ومواقف السيرة.

- نظرًا لحب الأطفال له نستطيع أن نوصل كثيرًا من المبادئ والقيم من خلاله.

أنواع التمثيل:

1- لعب الأدوار: ويتم فيه توزيع أدوار مشهد أو موقف أو قصة ويقوم كل طفل بأداء دوره في الحال دون إعداد مسبق.

2- التمثيل المسرحي: يعد مسبقًا ويعتمد على الملابس والمناظر...

3- التمثيل بالعرائس: مثل العرائس القفازية وهي سهلة الإعداد.

التطبيق:

مجاله واسع في التطبيق مثل قصص الحيوانات «الحيوان في القرآن» -غرس الأخلاق والقيم بتمثيل قصة تتحدث عن قيمة أو خلق: الأمانة، الصدق، الشجاعة، البر... إلخ.

(3) الرسم:

يقصد بذلك الرسم بالخطوط الحرة المبسطة.

وقد يكون الرسم على السبورة أو على ورقة معلقة على الحائط.

المميزات:

1- سرعة توصيل الرسالة، فعند شرح التجويد على سبيل المثال بدلاً من أن نصف علامة الوقف (مثلاً) نرسمها فتصل سريعة ولا يحدث لبس.

2- تساعد في فهم الأحداث التاريخية وتسلسل الزمن، فتفيد مثلاً في شرح المواقع والغزوات فبدلاً من أن نقول في غزوة بدر أن بدرًا تقع من مكة ناحية كذا... نرسم خريطة توضح ذلك.

مثال آخر: شجرة العائلة ونوضح فيها تسلسل نسب الأنبياء.

3- تساعد في التعبير عن تطور فكرة أو حدث معين مثل خلق الجنين كيف بدأ ومراحل تكوينه وذلك في شرح الآيات التي تتحدث عن ذلك.

4- الرسوم الكاريكاتيرية تتميز بالطرافة فيمكن عن طريقها توضيح السلوك الصحيح من السلوك الخطأ برسم صور تعبر عن ذلك.

(4) الصور:

مميزاتها:

- تسجل بدقة الشكل الظاهري للشيء.

- تبين الحالة الانفعالية لمن تصوره حزنًا أو فرحًا أو غضبًا أو هدوءًا لذا يمكن عن طريقها تعديل اتجاهات الأطفال وشحنهم عاطفيًا مثل تصوير منظر المشركين وهم يلتفون حول بيت رسول الله (ﷺ) لإيذائه، وتصوير أطفال الحجارة.

- تزيد تعلق قلوبنا بأشياء لم نتمكن من رؤيتها في الواقع وتربطنا بها صلة عقدية كالكعبة وبيت المقدس.

- تركز على الجزء الذي نريده من الشيء فلا يحدث تشتت.

- الصور تجسد المشهد وتثبته فنستطيع تسجيل الحركات الصحيحة في الصلاة على سبيل المثال.

العيوب:

- الخلط بين الحجم الطبيعي للشيء والصورة.
- القصور عن نقل صورة الواقع كله.

التطبيق:

- تعتبر الصورة توضيحًا أكثر للكلام خاصة القصة فيفضل أن يصحب أي قصة صورة بقدر الإمكان.
- في تعديل السلوك والاتجاهات كما ذكر سابقًا.

(5) اللوحة الوبرية:

عبارة عن لوحة مستطيلة عرضها إلى طولها 3: 4 من القماش الوبري السادة (الكستور - القطيفة - الجوخ - الصوف الفانلة).

طريقة الإعداد:

1- تقطع لوحة من الخشب الأبلاكاش.

2- يقص القماش بحيث تزيد أبعاده بمقدار 5سم عن أبعاد اللوحة.

3- يفرد القماش بحيث يكون سطحه الوبر ظاهرًا ويثبت في الخشب بدبابيس مكتب.

التطبيق:

تستخدم للموضوعات التي يكون استعمال الوسائل المعروضة عليها بشكل أو بآخر عاملاً هامًا في توضيح هدف الدرس، أو في تدريس الموضوعات التي يقسم فيها

المحتوى إلى مجموعات، كما تصلح لعرض الرسوم التي بها مقارنات كالسلوك الصحيح والسلوك الخطأ، وعرض صور لأحداث متتابعة، وفي رواية القصص.

طريقة الاستعمال:

يرسم أي رسم على ورقة رسم حسب الهدف ويلصق خلفها سنفرة لتلتصق بالوبرة (يراعى ألا يكون الورق ثقيلاً حتى لا تسقط الصورة).

(6) اللوحة الإخبارية:

لوحة من الخشب الصناعي (السيلوتكس) موضوعة على حامل من الخشب، وقد تكون من ورق اللوح العادي موضوعة في مقدمة قاعة الدرس.

تخدم مواضيع عديدة فيمكن الكتابة عليها أو الرسم كخلق الأسبوع أو حديث الأسبوع.

أمور يجب مراعاتها:

- أن يكون العنوان مكتوبًا بخط واضح كبير.

- استخدام عبارات موجزة.

- استخدام أسلوب المخاطب.

- رسم الكلمات بخط واضح كبير يسمح بالقراءة من بعد.

(7) اللوحة الجيبية:

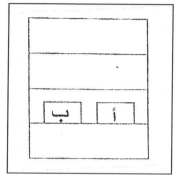

● فرخ (ناسبيان) أو لوح أبلكاش مستطيل في حجم فرخ اللوحة.

● ورق من الكانسون بحجم (الناسبيان) يقطع إلى قطع متساوية طول القطعة حوالي 10سم.

● تلصق القطع من الجانبين وأسفل لتبقى مفتوحة من أعلى كل قطعة تلي الأخرى مباشرة.

● تعد البطاقات المستخدمة في الشرح بحيث يكون نصف البطاقة الأسفل فارغًا حيث إنه يختفي بالجيب.

● لها تطبيقات تشابه تطبيقات اللوحة الوبرية.

(8) البيان العملي:

قيام المعلم بأداء عمل أمام الأطفال ليبين لهم تفاصيل هذا العمل، أو ليحاولوا التأسي بما يفعل.

مميزاته:

● يقلل من الوقت المنصرف في التعلم من غيره.

● يقلل من المحاولات الخاطئة عند التعلم.

● يعمل على خلق لغة حوار بين المعلم والطفل فتظهر أسئلة وحوارات تثري الموضوع.

يجب مراعاة أن جميع الأطفال يرون البيان العملي بنفس الوضوح وهذا يتوقف على الزاوية التي يقف بها المدرس وجلوس التلاميذ والإضاءة.

التطبيق:

الوضوء، الصلاة.

(9) المذياع، الكاسيت، التلفاز، الفيديو، الكمبيوتر:

في هذه الوسائل نجد أن الأمر يتطلب إعدادًا جيدًا للاستفادة من تقدم هذه الوسائل فالكاسيت يحتاج إلى إنتاج شرائط كاسيت في الغالب ستفيد في مجال (الإنشاد أو القصص).

أما الكمبيوتر فيحتاج إلى (CD) أو (DISK) وإذا توفرت لكان الكمبيوتر وسيلة ثرية وجذابة جدًا ولغطى كثيرًا من الموضوعات (عقيدة – سيرة ... إلخ).

أما الفيديو فيحتاج إلى إنتاج شرائط فيديو والموجود في هذا المجال قليل ونستطيع الاستفادة من الفيديو في القصص والسيرة.

(10) العارض الضوئي (Projector):

وهو يساعد على نقل الكلام والصور من الورق الشفاف إلى شاشة العرض، ويمكن لأنواع منه أن تنقل من الورق المعتاد إلى مكان العرض **ويتميز العارض الضوئي بما يلي:**

(أ) تحقيق الجاذبية بنفسه وبالجو الذي يتواجد فيه المتعلمون.

(ب) توفير الوقت المنصرف في الكتابة أو الرسم.

(ج) إتاحة الفرصة لحسن إعداد المادة مسبقًا.

(د) الاحتفاظ بالمادة لإعادة عرضها على المتعلمين في الدرس نفسه أو لإفادة غيرهم بها في وقت آخر.

ثالثًا: ضوابط استعمال الوسيلة:

(أ) من حيث الموقف التعليمي:

1- مستوى الجمهور: من حيث خبراته السابقة ومستوى ذكائه فأطفال الحضانة غير ابتدائي غير إعدادي.. فكل مرحلة يناسبها أسلوب معين في الكتابة أو استخدام الرمز.

2- حجم المجموعة المستقبلة: حيث يؤثر في حجم الوسيلة ومكان وضعها.

(ب) من حيث الوسيلة نفسها:

1- صحة المحتوى: يقصد خلو مادتها من الأخطاء العلمية والفنية.

2- حسن عرض المادة: فقد تكون المادة صحيحة لكن طريقة عرضها غير صحيحة فتبدو مفككة الأجزاء (غير مرتبطة).

3- البساطة: الوسيلة البسيطة الجذابة أفضل من الوسيلة المعقدة.

4- سهلة الاستخدام: فمثلاً تكون النماذج مصنوعة من البلاستيك الخفيف وليس من معدن ثقيل بحيث تكون سهلة الحمل.

5- التكاليف: كلما كانت تكاليف الوسيلة رخيصة ساعدت المعلم على استخدامها وإنتاجها فكثيرًا ما تقف التكاليف عائقًا أمام التنفيذ.

رابعًا: مهارات التدريس:

إن التربية مهمة الأنبياء وإنهم بعثوا، ليربوا الناس ولم يورثوا درهمًا ولا دينارًا. ولكنهم ورثوا العلم فمن أخذه أخذ بحظ وافر. أي أن المعلم وريث الأنبياء.

ولكي يصبح الإنسان معلمًا لا بد له من كفايات أو شروط أو ما يسمى بمهارات التدريس والتي كان يستخدمها الرسل والأنبياء والسلف الصالح بفطرية تامة، ولكن

جاء العلم الحديث وقننها وحددها ووضحها. وقد وردت في القرآن أمثلة كثيرة توضح ذلك، **وفيما يلي بعض مهارات التدريس:**

1- التهيئة (التقويم)

وهو ما يستهل به المعلم درسه بقصد إعداد التلاميذ لاستقبال الدرس بحيث يصل المتعلم إلى المشاركة وصولاً لتحقيق الهدف.

أهميتها:

1- جذب انتابه المتعلم وإثارته.
2- توفير إطار مرجعي لمعلومات الدرس.
3- ربط الخبرة القديمة بالخبرة الجديدة.

طرق التقديم عمليًا:

1- الحوار.
2- المناقشة.
3- المشكلات.
4- البيئة.
5- المواقف.
6- التمثيل الحركي.
7- القصة.
8- استخدام الأحداث الجارية.
9- الطرائف والغرائب.
10- الربط بالدرس السابق.

11- استخدام الوسائل التعليمية.

12- الأحاجي والألغاز.

13- الألعاب.

14- استخدام الواقع.

15- الأخبار.

16- القسم.

17- الحث.

18- النصح والإرشاد.

أمثلة لمهارة التقديم من القرآن الكريم:

- تقديم بالاستفهام:﴿**هَلْ أَتَى عَلَى الإِنسَانِ حِينٌ مِّنَ الدَّهْرِ لَمْ يَكُن شَيْئاً مَّذْكُوراً**﴾ [سورة الإنسان، الآية: (1)].
- تقديم بالنداء:﴿**يَا أَيُّهَا النَّاسُ اتَّقُوا رَبَّكُمْ إِنَّ زَلْزَلَةَ السَّاعَةِ شَيْءٌ عَظِيمٌ**﴾[سورة الحج، الآية: (1)].
- تقديم بالقسم:﴿**وَالسَّمَاءِ وَالطَّارِقِ**﴾[سورة الطارق، الآية: (1)].
- تقديم بالحمد:﴿**الْحَمْدُ لِلَّهِ الَّذِي أَنزَلَ عَلَى عَبْدِهِ الْكِتَابَ وَلَمْ يَجْعَل لَّهُ عِوَجاً**﴾[سورة الكهف، الآية: (1)].

وطرق التقديم هذه ليست بدائل متساوية تختار أيًا منها، ولكن لكل درس طريقة معينة للتقديم تناسبه، ولكن على المعلم انتقاء أفضل الوسائل مع المتعلم علمًا بأن المرحلة العمرية تلعب دورًا في ذلك، فمثلاً: مع أطفال صغار تكون القصة والتمثيل والوسائل التعليمية محببة جدًا لديهم. أما الكبار فقد يجدي معهم أسلوب القصة أو الحوار.

فمثلاً عند تقديم درس أدوات الاستفهام:

أتحدث مع الزملاء عن مشكلة واجهتني – مثلاً – أريد تعيين بعض الموظفين والعمال في مصنع أو متجر ما الأسئلة التي أوجهها لهم؟

ستكون بعض الإجابات من التلاميذ: كم عمر العامل؟ ماذا كان يعمل قبل ذلك؟ أين يسكن؟ وهكذا. وبهذه الطريقة أكون قد وصلت إلى أدوات الاستفهام بطريقة سهلة.

شروط التقديم الجيد:

1- لا بد من توفر مشاركة واسعة للتلاميذ.

2- استخدام أساليب أنسب.

3- استدعاء الخبرات السابقة.

4- أسئلة تثير التفكير.

5- أسئلة تثير الدافعية.

6- تمشي التقديم مع أسئلة التلاميذ واستفساراتهم.

7- لا بد من حماس المعلم.

أمثلة للتقديم من الرسول (ﷺ):

● **التقديم بالاستفهام:** «أتدرون من المفلس».

● **التقديم بوسيلة تعليمية:** عندما خط الرسول (ﷺ) خطا على الأرض يخرج منها عدة خطوط ثم قال: (هذه سبيل الله وهذه السبل وعلى رأس كل منها شيطان).

2- مهارة الشرح:

وهي لا تعني انفراد المعلم بالحديث، وإنما هي مشاركة وهي تعني تبسيط المفاهيم والقوانين وتحليل الكل إلى أجزائه الأساسية وإعادة هذا الكل مراعيًا العمليات الأساسية للتعلم (الدافعية - التركيز - مراعاة الفروق الفردية) مستخدمًا الوسائل المتاحة وتستغرق من الوقت حسب فلسفة المعلم وطريقته وحسب حالة المتعلم والفرصة المتاحة له للتعلم، وهناك أيضًا عرض الوسائل والمناقشة والتقويم ويستغرق وقتًا يتقاسمه المعلم والمتعلم.

أهمية الشرح:

1- تبسيط المفاهيم والقوانين والنظريات المعقدة.

2- عرض المعلومات وتوضيح الأفكار وبيان المبادئ.

3- بيان خطوات عمل ما.

4- تحليل النتائج ورصد النقاط الأساسية.

5- توضيح المشاهدات والاستنتاجات وتطبيقها.

6- ربط الخبرات ببعضها.

7- عرض الوسائل التعليمية.

8- التعزيز لإجابات التلاميذ.

9- تجزئ الكل.

للوصول إلى الشرح المثالي لا بد من:

التبسيط	التكرار	التجسيم	الإعادة
المناورة	التخطيط	الترابط بين الخبرات	المتابعة

التوقف في وقت مناسب الارتداد إثراء خبرات التلاميذ

الإسراع التلخيص التركيز

التنظيم الجاذبية الوصف

التفسير الاستدلال

شروط الشرح الجيد:

1- تغطية النقاط الأساسية في الدرس:

2- عدم الانتقال من نقطة إلى أخرى إلا بعد فهمها وإتقانها.

3- عدم الانتقال الفجائي.

4- مراعاة إيجابية المتعلم.

5- الانتقال من المعلوم إلى المجهول، ومن البسيط إلى المركب، ومن التجربة إلى النظرية، ومن المحدود إلى المطلق، ومن المحسوس إلى المجرد.

6- عدم التوسع في الإلقاء.

7- التخطيط الجيد.

8- إثارة الدافعية.

9- منطقية العرض.

10- استخدام المثيرات.

11- التجاذب بين الشرح والتعليق.

12- تأصيل المهارة.

3- مهارة ضرب الأمثلة

الغرض منها التقريب بين المعلومات والأذهان، وتكون عن طريق:

1- البدء بالبسيط ثم الاتجاه للمركب.

2- الاستخدام المتصل بالخبرة البيئية.

3- بيان العلاقة بين المشبه والمشبه به.

4- أن تكون العلاقة من الأغمض إلى الأوضح وليس العكس.

5- ربطها بما تعلم التلاميذ من قبل.

وهذه المهارة مهمة للتوضيح والبيان والتقريب والتشبيه واستخلاص العبر والتفكير بيان الاختلاف وإدراك العلاقات.

نماذج لضرب الأمثلة:

- من القرآن الكريم: قال تعالى:﴿**مَثَلُ الَّذِينَ يُنفِقُونَ أَمْوَالَهُمْ فِي سَبِيلِ اللـه كَمَثَلِ حَبَّةٍ أَنبَتَتْ سَبْعَ سَنَابِلَ فِي كُلِّ سُنْبُلَةٍ مِّائَةُ حَبَّةٍ وَاللـه يُضَاعِفُ لِمَن يَشَاءُ**﴾[البقرة: 261].
- وقال تعالى أيضًا:﴿**أَلَمْ تَرَ كَيْفَ ضَرَبَ اللـه مَثَلاً كَلِمَةً طَيِّبَةً كَشَجَرَةٍ طَيِّبَةٍ أَصْلُهَا ثَابِتٌ وَفَرْعُهَا فِي السَّمَاءِ**﴾[إبراهيم: 24].
- من أقوال الرسول (ﷺ): «مثل المؤمن الذي يقرأ القرآن مثل الأترجة ريحها حلو وطعمها حلو ...» إلخ الحديث.

نموذج لمثل فاشل:

يقال أن صوت الغنة: مثل: صوت الغزال عندما تفقد ابنها... وذلك لافتقاد المشبه به ولبعد مناله.

4- مهارة الأسئلة

وتتضمن عدة مهارات منها:

1- مهارة الصياغة.

2- مهارة التوجيه.

3- مهارة الإلقاء.

4- مهارة التعمق.

(أ) شروط صحة صياغة السؤال:

شروط عامة:

1- أن يكون السؤال واضحًا.

2- ألا يكون طويلاً.

3- ألا يزدحم بمصطلحات صعبة أو غير معروفة.

4- أن يكون محدودًا.

5- أن يكون مثيرًا للتفكير.

شروط لغوية:

1- أن يكون صحيحًا لغويًا من حيث التركيب والمفردات ومناسبًا لقاموس التلميذ وخبراته.

2- ألا يتضمن الإجابة في ذاته.

3- أن تقيس الأسئلة المستويات المعرفية المختلفة (التذكر – الفهم – التطبيق – التحليل – التركيب – التقويم).

(ب) مهارة توجيه الأسئلة:

لا بد من مراعاة الآتي:

1- أين ومتى وكيف؟

2- إشراك أكبر عدد من التلاميذ.

3- ترك وقت للتفكير حسب السؤال.

4- ألا أشعر التلاميذ بنفاد الصبر.

5- ألا يجيب المعلم عن السؤال بنفسه ولكن يستخدم مهارة التلميح.

6- عدم توجيه السؤال لتلميذ معين.

7- تمحيص من يعرف ومن لا يعرف.

8- عدم الإكثار من الكلام بعد إلقاء السؤال.

9- الضغط على حروف معينة، ليفهم منها السامع الغرض من الجملة، وهي ما يسمى بالنبر والتنغيم.

(جـ) مهارة إلقاء الأسئلة ذات المستوى الأعلى:

أي إلقاء سؤال يقيس التذكر يبني عيه سؤال يقيس الفهم ثم التطبيق وهكذا حتى مستويات المعرفة المختلفة.

(د) مهارة التعمق:

مثال من القرآن لهذه المهارة في قوله تعالى:

﴿**قُلْ أَرَأَيْتُمْ إِن جَعَلَ الـلـه عَلَيْكُمُ اللَّيْلَ سَرْمَداً إِلَى يَوْمِ الْقِيَامَةِ**﴾[سورة القصص، الآية: (71)].

ويمكن أن أسأل التلاميذ: ماذا يحدث لو كان الليل سرمدًا؟

كانت إجابات التلاميذ تتضمن معاني كثيرة ومختلفة، فمنهم من قال: سينقرض طائر البطريق بسبب ذوبان ثلوج القطب الشمالي – ومن قال سيموت النبات من كثرة الغذاء والتمثيل الضوئي.. وهكذا.

5- مهارة التلميح

وتستخدم هذه المهارة:

1- عند العجز عن إجابة سؤال.

2- عندما تكون الإجابة غير صحيحة.

3- عندما تكون الإجابة ناقصة.

4- عند التوجه لسلوك معين.

5- عند إرادة اتخاذ موقف ما.

6- عند الإشارة لتصحيح سلوك.

7- عندما يريد المعلم إشراك تلميذ غير متفاعل مع إكسابه ثقة.

ويكون التلميح:

(أ) لفظيا.   (ب) بالإشارة بالوجه أو بالجسم.

ويتم عن طريق عدم عمليات مثل:

1- إعادة الصياغة أو تبسيطها أو تجزئ السؤال.

2- العودة لمستوى معرفي أسبق أو سابق لمستوى السؤال.

3- التعزيز: وهو يجعل التلميذ متابعًا نشاطًا لاستكمال الإجابة.

4- توضيح المصطلحات.

5- مساعدة المتعلم على بلورة أفكاره.

6- ترتيب الإجابة.

7- إعطاء تغذية راجعة.

أمثلة لمهارة التلميح:

1- في قوله تعالى:﴿وَأَيُّوبَ إِذْ نَادَى رَبَّهُ أَنِّي مَسَّنِيَ الضُّرُّ وَأَنْتَ أَرْحَمُ الرَّاحِمِينَ﴾[سورة الأنبياء، الآية: (83)].

2- عندما قال رسول الله (ﷺ): «ما بال أقوام يفعلون كذا وكذا».

6- مهارة البيان العملي

يلجأ إليها المعلم عند الحاجة للتوضيح العملي:

أمثلة:

1-عندما صلى الرسول (ﷺ) ثم قال لهم « صلوا كما رأيتموني أصلي»

2-عندما رأى الحسن والحسين رجلا لا يحسن الوضوء وأرادا توجيهه. فماذا فعلا؟

أحوال تطبيق هذه المهارة:

1-مدرس العلوم يجري التجارب.

2-معلم التربية الإسلامية يأخذ التلاميذ إلى أماكن الوضوء ليعلمهم كيفية الوضوء ويصحبهم للمسجد لتدريبهم على الصلاة الصحيحة.

3-معلم اللغة العربية يكرر الحرف ليعرف التلاميذ كيفية نطق الحروف.

7- مهارة استعمال الوسائل التعليمية

الوسيلة: كل مثير في البيئة المحيطة بالتعلم

وهناك فرق بين الوسيلة والأداة مثلا: السبورة أداة، والطباشير أداة أيضا، أما ما يكتب على السبورة فهو وسيلة كذلك المسجل أداة أما ما على الشريط فهو وسيلة. فالوسيلة إذا هي المضمون المقدم من خلال أداة ما.

وتنقسم هذه المهارة إلى:

1- مهارة اختيار

2- مهارة اختبار

3- مهارة استخدام الوسيلة

ويجب أن نلاحظ انه بناء على الهدف نختار الوسيلة التي توضع في مكان مناسب ليست قريبة أو بعيدة فلا ترى وليست في مكان مظلم، كما يجب أن نلاحظ أن توضع في الوقت المناسب أي وقت استعمالها فقط والوسيلة الناجحة هي التي تستخدم اكبر قدر من الحواس.

كيفية استخدام السبورة:

1- تقسيمها وكتابة (بسم الله الرحمن الرحيم)

2- كتابة التاريخين

3- استخدام ألوان متعددة من الطباشير

4- يكون الخط جميلا وواضحا ومقروءا

5- الرسم واضح وجميل

6- يمحى ما عليها من أعلى لأسفل

8- مهارة الصمت

وتكون عند:

1-بداية الحصة وحدوث هياج

2-إلقاء سؤال

3-إذا أراد المعلم لفت انتباه التلاميذ

9- مهارة الحيوية

وتتلخص في استخدام كافة الحركات والإشارات والرأس وكافة ما وهب اللـه تعالى المعلم من حيوية ونشاط، أي لابد أن يكون المعلم كالممثل يظهر على وجهه كافة العلامات والنظرات لأن النظرة رسالة إلى المعلم وتعني أحيانا: توقف- استمرار... الخ.

10- مهارة درجة الصوت وحيويته

وهي الضغط على مقاطع معينة وهو ما يسمى بالنبر والتنغيم.

11- مهارة إكمال الاتصال

وهي تقتضي التعبير الواضح السليم المفهوم -مثلا - عند وجود جلة اعتراضية مما يضر بالمعنى الأصلي أو - مثلا - إذا جاءت هذه الجملة بعد المبتدأ ثم لم يذكر بعدها الخبر مما أضاع المعنى ولم يصل المعنى السليم التام للمتعلم.

12- مهارة المحاضرة

وهي تستلزم إيقاع المعلومات وتنوع المثيرات السمعية والبصرية وإيجاد روح المرح حتى لا يمل المتعلمون. أي لابد من التفاعل بين المحاضر والمتعلمين.

13- مهارة إنهاء الدرس

كما علمنا اللـه (عز وجل) عندما قال ﴿**وَآخِرُ دَعْوَاهُمْ أَنِ الحَمْدُ لِلَّهِ**﴾ وحثنا الرسول (ﷺ) عندما علمنا دعاء ختام المجلس.

ويكون الإنهاء:

1-تعليميا: بإعلان انتهاء الدرس

2-تربويا: مثل شكر التلاميذ وإبداء الحب والإعجاب بما ورد منهم.

3-إيمانيا: مثل دعاء ختام المجلس (سبحانك اللـه م وبحمدك اشهد أن لا اله إلا أنت أستغفرك وأتوب إليك).

المعلم الناجح

إذا وجد المعلم الناجح وجد معه الطفل المتوازن، والقائمون على أعمال الطفولة لابد لهم من إعداد جيد وتدريب متواصل؛ حتى يرتقوا إلى المهمة الصعبة المنوطة بهم وهي تربية الطفل تربية متوازنة.

فيجب الارتقاء بالعامل في مجال الطفولة؛ حتى يستطيع أداء المهمة والوصول إلى حالة النجاح، **ويتحقق هذا في الجوانب الآتية:**

1- الجانب الثقافي

2- الجانب الإيماني

3- الجانب العملي (التنفيذي)

4- الجانب (الإداري)

ومن هنا كان أول موضوع نتناوله هو كيف ننتقي المعلم؟

وما هي المفاهيم التي ينبغي أن تكون واضحة عنده في كل مرحلة من مراحل تدريبه؟

وما هي الوسائل التي يتبعها في مجال تربية الطفولة؟

كل هذه الأسئلة وغيرها نجيب عليها في هذا المبحث.. فهيا على بركة الله .

الارتقاء بالمعلم ويتحقق هذا بثلاث مراحل زمنية:

المرحلة الأولى: وهم الذين لم يلتحقوا بالعمل بعد، ومدة العمل معهم بعد الالتحاق عام كامل انتقاء وارتقاء.

المرحلة الثانية: ومدتها أيضا عام بشرط إتمام المرحلة الأولى.

المرحلة الثالثة: وهي خاصة بالإداريين، ومدتها عام أيضا بشرط توافر شروط المرحلتين الأولى والثانية.

الجانب الإيماني:

- **الاهتمام بالقرآن حفظا وتجويدا وتفسيرا:** ونقصد به حفظ جزء آخر والاطلاع على كتب التفسير ودراسة علم التجويد.

الجانب العملي (التنفيذي)

- **إدارة الحصص:** ونقصد به أن يعرف الدارس طرق تدريس ومهارته ووسائل الإيضاح ليتمرس على كيفية توصيل المعلومة وتحضير الدرس وحل المشكلات والتغلب على والمعوقات.

- **تنوع ميادين المعايشة:** ونقصد به معايشة المتعلم في الأماكن الأخرى خارج الحصة مثل: البيت والشارع والمدرسة مع استمرارية التأثير فيه ومحاولة التوجيه المستمر.

- **التعرف على وسائل التربية العملية المختلفة:** ونقصد به الأعمال الأخرى مثل: (الرحلة -يوم الخدمة -...... الخ) وكيفية الاستفادة منها في تربية المتعلم.

المرحلة الثانية

الجانب الثقافي:

- **تحقيق المفاهيم حول العمل:** ونقصد به الانفتاح الأكثر على مفاهيم العمل والكلام بصورة مركزة على المرحلة الأولى.

- **المؤسسات التي تعمل ضده أو معه:** ونقصد بها جميع المؤسسات التي تؤثر في المتعلم سلبا أو إيجابا -بقصد أو بدون قصد - وذلك مثل: المدرسة والشارع

والتليفزيون والنوادي ومؤسسات الطفولة... الخ، ومحاولة وضع الحلول العملية لذلك.

- **الكتب الإضافية للمنهج:** ونقصد به المراجع التي يعتمد عليها المدرس للتوسع في العلوم التي يقدمها للمتعلم.

الجانب العملي (التنفيذي)

- **رفع المستوى الحرفي والمهاري للمتعلم:** ونقصد بها قدرة المدرس على التعامل مع الحرف المختلفة، وكذلك تنمية المهارات التي تتولد عند المتعلم ومعرفة قواعد رفع المستوى. هذا بالإضافة إلى مواصلة ارتقائه المهني في مجال التدريس كما ذكر سابقا في (إدارة الحصص)

استكمال وسائل التربية العملية المختلفة:

- **كشف المواهب وتنمية القدرات:** ونقصد بها قدرة المدرس على كشف الموهبة في بدايتها والعمل على تنميتها ومعرفة قدرات المتعلم المختلفة والقواعد العلمية للوصول به إلى أعلى مستوى.

- **العلاقات العامة بالمجتمع:** ونقصد به أن يكون للمدرس علاقات عامة تمكنه من اجتذاب اكبر قدر وتحقيق أهدافه بسهولة، وألا يتصادم مع الآباء أو غيرهم.

- **التعامل مع الأبناء:** ونقصد به تحصيل المهارة المطلوبة لهذا العمل ومعرفة أهميته ووسائله المختلفة.

- **متطلبات العصر:** ونقصد به الاستعداد لمهام المستقبل التي سوف يتحملها المتعلم واستشعار مدى احتياجنا لذلك.

● **العمل على تحقيق جوانب التكوين الفردي مع مراعاة القدوة العملية:** ونقصد به أن يستطيع المدرس تحقيق الصفات العشر في المتعلم على أن يتحلى هو بها – أولا – لأن القدوة العملية اقصر طريق للتربية.

الجانب الإيماني:

● **الاهتمام بالقرآن حفظا وتجويدا وتفسيرا:** ونقصد به حفظ جزء رابع والاستمرار في الاطلاع على كتب التفسير والتزود من علم التجويد.

● **القدوة الإيمانية العملية ورفعها:** ونقصد به أن يستطيع إلزام المتعلم بواجبات اليوم والليلة على أن يتحلى هو بها –أولا –لأن القدوة العملية أهم وسائل التأثير.

المرحلة الثالثة: الجانب الإداري

● **القدرة على إدارة الأعمال:** ونقصد به التدريب على الإشراف على أنشطة الطفولة – وكذلك المدرسين –ومعرفة الجوانب النظرية للعمل.

● **التعرف على مبادئ الإدارة:** ونقصد به المعرفة النظرية والعملية بشيء من التفصيل مع ربطه بالعمل.

● **كشف قدرات المدرسين وتنميتها:** ونقصد به القدرة على توصيل الفكرة والمهارات التي حصلها إلى غيره من المدرسين المبتدئين.

ملاحظة: ينبغي عمل اختبارات عمل تنشيطية للتأكد من وصول شروط المرحلتين الأولى والثانية.

توصيات لنجاح العمل

● المتابعة الميدانية

● الاستطلاعات الموجهة

- تثبيت المدرسين لمدة عامين على الأقل

- لا يتم التغير إلا بالمشاورة مع الموجه.

- رفع الواقع بالوسائل التعليمية.

وسائل الارتقاء بالمعلم

- الدورة التدريبية

- الشرائط بأنواعها

- المحاضرات

- الكتب العامة

- البحث (تعليمي –تجميع معلومات....الخ)

- المسابقة بأنواعها (أستاذ –مدرسة-نادي –معمل –عمل ميداني...الخ)

- الاستطلاعات التعليمية

- الميادين (مدرسة-مسجد –فصول تقوية –نادي صيفي..الخ)

- المناقشات

- وسائل أخرى.

المحاضرات

1-مفاهيم حول العمل: (النشأة –التطور –أهميته ومجالات التعاون والتنسيق- نماذج)

2-أهداف العمل بالتفصيل مع التعرض للهدف العام وضرب الأمثلة.

3-المؤسسات المضادة: (التعريف –أنواعها –المواجهة –أو التحييد أو الاستفادة)

4-تنمية المستوى الحرفي أو المهاري عند المتعلم (يستعان بالمتخصصين)

5-كيفية إدارة الحصص: (قبل الحصة -أثناء الحصة -بعد الحصة)

6-العلاقات العامة (مع الطلاب – أولياء الأمور – المجتمع)

7-متطلبات العصر: (الواقع – المستهدف- كيفية تحقيقه)

8-الاهتمام بالقرآن:(حفظا – تجويدا – تفسيرا – اثر ذلك على العملية التربوية).

9-فقه التعامل مع المتعلم

10- واجبات اليوم والليلة وأثرها على المتعلم

11-   التعرف على مبادئ إدارة الأعمال

12- صفات المدرس الإيمانية

13- كشف المواهب وتنميتها وانتقاء المتميزين.

14- التعامل مع الأبناء

15- الصفات العشر عند المتعلم

16- صفات المعلم الجيد

17- الصفات النفسية للمرحلة

الشرائط:

1-العناية بالقرآن   (كاسيت)

2-واجبات اليوم والليلة   (كاسيت)

3-صفات المدرس الإيمانية   (كاسيت)

4-التعرف على مبادئ الإدارة   (فيديو - كاسيت)

5-كشف القدرات وتنميتها   (فيديو)

6-مفاهيم حول العمل   (كاسيت)

7-أهداف العمل   (كاسيت)

8-الصفات النفسية للمرحلة   (كاسيت)

9-إدارة الحصص   (كاسيت – فيديو)

10-دراسة حول المنهج والكتب الإضافية (فيديو)

الكتب العامة:

● مفاهيم حول العمل

● الصفات النفسية للمرحلة

● المنهج والكتب الإضافية في الفروع الأساسية

● كيفية إدارة الفصل (زاد المعلم)

● وسائل التنمية المختلفة.

● القدرات (كشفها وتنميتها)

● العناية بالقرآن الكريم

● مبادئ الإدارة

● أخطار تواجه الطفل.

البحوث:

المؤسسات المضادة -دراسة حول المنهج والكتب الإضافية -إدارة الحصص -وسائل التربية المختلفة -كشف القدرات وتنميتها -العناية بالقرآن -التعامل مع الأبناء.

المسابقات:

- الصفات النفسية للمرحلة

- دراسة حول المنهج والكتب الإضافية

- العناية بالقرآن الكريم

- صفات المدرس الإيمانية

- التعرف على مبادئ الإدارة

- التعامل مع أبناء المدرسين

- إدارة الحصة

- الأخطار التي تواجه المتعلم

استطلاعات حول:

1-أهداف العمل

2-إدارة الحصة

3-الاهتمام بالقرآن

4-مفاهيم أساسية للعمل

5-التعامل مع الأبناء

6-التعرف على مبادئ الإدارة

7- القدرات كشفها وتنميتها عند المتعلم

8- المؤسسات المضادة.

وفيما يلي تفصيل هذه الاستطلاعات

أولا: حول أهداف العمل (التعليمي):

س1: هل تعلم أن من أهداف العمل إيقاظ قلب المتعلم وعقله؟ نعم () لا ()

س2: هل تعلم أن من الأهداف نشر القيم الفضلة عند المتعلم؟ نعم () لا ()

س3: هل تعلم أن من أهداف العمل بث الروح الايجابية عند المتعلم؟ نعم () لا ()

س4: هل تعلم أن من أهداف العمل شعور المتعلم بالوحدة الإسلامية؟ نعم ()   لا ()

س5: هل تعلم أن من أهداف العمل الانتشار في جموع المتعلمين لمواجهة مخطط الأعداء؟ نعم () لا ()

س6: اختر الإجابة الصحيحة مما يأتي:

أ) من علامات إيقاظ قلب المتعلم وعقله:

☐ الوعي بخطورة الإعلام ووسائله.

☐ حب والده

☐ الاستيقاظ مبكرا.

ب) من علامات تحلي المتعلمين بالقيم الفاضلة:

☐ انتشار حمل المصحف بينهم

☐ المذاكرة الجيدة

☐ التعامل بأدب مع الآخرين

ت)   من علامات الايجابية لدى المتعلم:

☐   الوقوف بجانب المظلوم

☐   التفوق الدراسي

☐   معاونة إخوانه

ث)   من الأمور التي تدل على الشعور بالوحدة الإسلامية عند المتعلم:

☐   كثرة المشاركة الفعالة في قضايا المسلمين

☐   الحديث عن هذه القضايا

☐   الدعاء بالنصر للمظلومين

ثانيا: حول إدارة الحصة (تعليمي):

1-هل تعلم أن المدرس الناجح عليه واجبات قبل الحصة وأثناء الحصة وبعد الحصة؟

نعم ( ) لا ( )

2-ما شكل جلوس المتعلمين في الحصة؟

☐   دائري

☐   مستطيل

☐   مربع ناقص ضلع

☐   حدوة فرس

3-رتب خطوات الدرس الآتية:

الدروس المستفادة –تحضير على :س مسبقا –معاني الكلمات –التمهيد بسؤال –المعنى الإجمالي –ملاحظة المتعلم في الواقع العملي –جذب الانتباه عن طريق التحفيز مثل: الجائزة..الخ –كلمة شكر –الاستفتاح بالحمد والثناء.

4-طريقة تحضير الدرس:

☐   عشوائي

☐   بالكتابة في كراسة خاصة

☐   شفوي

5-من سمات الحصة أن تشتمل على: (مواد ثقافية -قرآن وحديث -مسابقة -فقه - كل ما سبق مع وجود المشوقات كالجوائز)

6-علق على الحديث الآتي: «**علق السوط على الحائط وذكرهم بالله** »

7-حدثت ضوضاء في الحصة ماذا تفعل؟

☐   أقوم برفع صوتي

☐   انصحهم بالسكوت

☐   اسكت فترة ثم ادخل في الموضوع

☐   حل آخر.............................

8-تغيب طالب عنك فترة وفجأة حضر:

☐   اسلم عليه باليد وأرحب به واسأله عن سبب غيابه.

☐   أعانقه واقبله

☐   لا اهتم بالموضوع فهو غير منضبط

9-كم دقيقة تستمر الحصة:

☐   45 دقيقة

☐   أكثر من 45 دقيقة

☐   اقل من 45 دقيقة

ثالثا: حول العناية بالقرآن (تعليمي)

1- كم من القرآن تحفظ؟

☐ جزءا

☐ اثنين

☐ ثلاثة

☐ أكثر من ذلك: اذكر العدد ....

2- هل تعلم القراءة الصحيحة والتجويد؟

☐ نعم

☐ لا

3- هل قرأت كتابا عن التجويد؟

☐ نعم ما هو؟...........................

☐ لا لماذا؟...........................

4- هل في مكتبك تفسير للقران الكريم؟ ما هو؟...........................

5- هل أنت حريص على قراءة جزء يوميا؟

☐ نعم

☐ لا لماذا؟...........................

6- هل أنت حريص على إتمام حفظ القرآن وحبذا لو على يد شيخ؟

☐ نعم

☐ لا

7- هل أنت حريص على تخريج جيل من المتعلمين حافظا للقرآن الكريم؟

☐   نعم

☐   لا

8- أي الأمور تفضل مع القرآن؟

☐   القراءة

☐   الحفظ

☐   التدبر

☐   التفسير

☐   الكل سواء

رابعا: حول مفاهيم أساسية للعمل:

س1: متى نشأ العمل مع المتعلمين؟

....

....

....

س2: هل تعلم ظروف هذه النشأة؟

....

....

....

س3: ما هي مراحل تطور هذا العمل؟

....

....

س4: اذكر خمس نقاط في أهمية العمل مع المتعلمين؟

....

...

....

س5: ما مجالات التعاون والتنسيق مع الآخرين في العمل؟

....

....

س6: اذكر بعض نماذج ممن تخرجوا على يديك واستمروا في دراستهم؟

....

....

س7: ما أحلامك للمتعلم الذي بين يديك؟

....

....

س8: كم تعطي من وقتك للمتعلمين؟

....

....

س9: ما المعوقات التي تقف أمامك لتعرف أكثر عن العمل؟

....

....

س10: ما الأمور التي تدفعك لحب هذا العمل؟

....

خامسا: حول التعامل مع الأبناء:

هناك مثل شعبي يقول (باب النجار مخلع) هل ينطبق هذا المثل دائما على الأبناء؟ علق على ذلك مع ذكر أهم مشكلات الأبناء.

....

....

من وسائل الارتقاء بمستوى الأبناء:

(1) ....

(2) ....

(3) ....

(4) ....

هل ترى أن اندماجهم وسط الطلاب الآخرين واستمرارهم في الأنشطة المختلفة كفيل برفع مستواهم؟ اجب مع بيان رأيك؟

....

....

وضح دور البيت في الارتقاء بمستوى الأبناء:

....

....

وضح كيفية التنسيق مع البيت لرفع مستوى الأبناء:

....

....

ما هي أهم الميادين التي توجه الأبناء إليها في رفع مستواهم:

....

....

سادسا: حول التعرف على مبادئ الإدارة:

1-ما هي مبادئ الإدارة؟

....

....

2- ما معنى التخطيط؟

....

....

3- ما مراحل التخطيط؟

....

....

4-المتابعة جزء مهم من الخطة اكتب ما تعرفه عنها؟

....

....

5-ما صفات المدير الناجح؟

....

....

6- ما معنى التفويض؟ وما أهميته؟

....

....

7-ما هي مهام المدرس؟

....

....

8-ما حدود العلاقة بالمستوى السابق واللاحق مع ضرب الأمثلة؟

....

....

9-هل تضع جدول أعمال مسبقا للجلسة الإدارية؟

....

....

10-إذا رأيت نقصا إيمانيا في المدرسين ماذا تفعل للارتقاء بهم؟

....

....

سابعا: حول القدرات- كشفها وتنميتها عند غيرك:

1)ما مقصود القدرات في نظرك؟

....

....

2)ما أنواع القدرات؟

....

....

3)المعلم الناجح الذي يلاحظ طلابه ويكشف قدراتهم وضح كيف ذلك؟

....

....

4) هناك مراحل لتنمية القدرة عند المتعلم اذكرها؟

....

....

5) المستقبل يحتاج إلى قدرات عديدة وضح -في رأيك. أهم القدرات؟

....

....

6) القدرة أمر فطري أم مكتسب. ناقش مع توضيح رأيك.

....

....

7) اذكر مثالا من سيرة الرسول في تنمية قدرة الصحابة؟

....

....

8) هل من الضروري أن تجمع بين المهارة الشخصية والقدرة على إكسابها للآخرين وضح؟

....

....

9) وضح صور التعاون بينك وبين الجهات الأخرى لتنمية قدرة المتعلم؟

....

....

10) اعرض تجربة خاصة لك مع طفل موهوب؟

....

....

ثامنا: حول المؤسسات المضادة:

ما المقصود بالمؤسسة المضادة؟

....

....

اذكر ثلاث مؤسسات تعمل ضد المتعلم؟

....

....

ما الوسائل المقترحة لمواجهة هذه المؤسسات؟

....

....

اذكر بعض إصدارات هذه المؤسسات؟

....

....

هل سمعت عن عمل قامت به إحدى هذه المؤسسات؟ ما هو؟

....

....

هل تعلم شخصيات بارزة تعمل في هذه المؤسسات؟ من هم؟

....

....

هل لاحظت بعض الآثار السلبية على المتعلمين نتيجة هذه المؤسسات؟

....

....

الصعوبات التي تواجه العملية التربوية كبيرة جدا، ويجب التنبه لها والعمل على تذليلها، ومن هذه الصعوبات الآتي:

1 انتشار الاتجاه العلماني

....

....

2 تخلف القائمين بالعملية التربوية عن الفهم الصحيح

....

....

3 اقتصارها على الجانب النظري دون العملي والسلوكي

....

....

4 التيارات الوافدة ومغرياتها

....

....

علق على كل نقطة مما سبق موضحا رأيك.

وسائل تنمية الإبداع الفكري
لدى الأطفال

أولا: الكتاب

إن اقرأ القرآن هو أول ما عمد إليه النبي (ﷺ) في إبلاغ دعوته الكبرى، وقد كان مبعوثوه إلى مختلف الجهات أول ما يقومون به هو إقراء الناس القرآن.

كتب النبي (ﷺ) لعمر بن حزام حين وجهه إلى اليمين كتابا أمره فيه بأشياء منها: أن يعلم الناس القرآن ويفقههم فيه (سيرة ابن هشام).

وروي البخاري عن أبي إسحاق عن البراء قال: (أول من قدم علينا من أصحاب النبي (ﷺ) مصعب بن عمير وابن مكتوم فجعلا يقرئاننا القرآن)[الذهبي: سير أعلام النبلاء].

وكان الرجل من المسلمين إذا هاجر إلى المدينة دفعه النبي (ﷺ) إلى رجل من الحفظة ليعلمه القرآن ويفقهه.

وعن انس بن مالك قال: جاء الناس إلى النبي (ﷺ) فقالوا: ابعث لنا رجالا يعلموننا القرآن والسنة، فبعث إليهم سبعين رجلا من الأنصار يقال لهم القراء، وأوصى النبي (ﷺ) بإكرام أهل القرآن وسماهم اسما ينبض بأعظم المعاني: (أهل الله وخاصته)[ابن ماجه واحمد والدرامي في حديث انس[.

وقال فيهم (إشراف أمتي حملة القرآن)[الطبراني في الكبير عن ابن عباس].

بل أن النبي (ﷺ) يعلي مرتبة أصحاب القرآن أيما إعلاء إذ يقول أنهم يكادون يحوزون في صدورهم ما حاز الأنبياء -لولا أنهم لا يتلقون وحيا من السماء: عن عبد الله بن العاص أن النبي (ﷺ) قال « **من قرأ القرآن فقد استدرج النبوة بين جنبيه غير أنه لا يوحي إليه**» [رواه الحاكم].

وسمي القرآن ذكرا وتوعد المعرض عنه فقال: ﴿كَذَلِكَ نَقُصُّ عَلَيْكَ مِنْ أَنْبَاءِ مَا فقال: وَقَدْ آتَيْنَاكَ مِن لَّدُنَّا ذِكْراً * مَنْ أَعْرَضَ عَنْهُ فَإِنَّهُ يَحْمِلُ يَوْمَ الْقِيَامَةِ وِزْراً * خَالِدِينَ فِيهِ وَسَاءَ لَهُمْ يَوْمَ الْقِيَامَةِ حِمْلاً﴾ [سورة طه، الآيات: (99 - 101)]

والقرآن يعجب من النافرين منه ويتهكم عليهم:﴿فَمَا لَهُمْ عَنِ التَّذْكِرَةِ مُعْرِضِينَ * كَأَنَّهُمْ حُمُرٌ مُّسْتَنفِرَةٌ * فَرَّتْ مِن قَسْوَرَةٍ﴾ [سورة المدثر، الآيات : (49 - 51)]

وخوف النبي (ﷺ) المسلمين من نسيان القرآن تخويفا فعالا فقال: « ما من امرئ يقرأ القرآن ثم ينساه إلا لقي الله يوم القيامة أجذم»[مصابيح السنة: البغوي]

كما أن الناس متعبدون بإتباع أحكام القرآن وحفظ حدوده، فهم متعبدون بتلاوته وحفظ حروفه، بل أنه ورد في الحديث:«أفضل العبادة قراءة القرآن»[المناوي: فيض القدير].

كما ورد « أفضل عبادة أمتي قراءة القران»[البيهقي: الشعب] وعن ابن عباس (ﷺ) أن النبي (ﷺ) قال:« أحب الأعمال إلى الله الحال المرتحل، قالوا: وما الحال المرتحل يا رسول الله ؟ قال صاحب القرآن يقرأ القرآن من أوله لآخره كلما حل ارتحل»[القرطبي: المفسر].

والنبي (ﷺ) يحض على حفظ القرآن ودوام تلاوته والعمل به. وقد أثنى الله على من كان دأبه تلاوة القرآن فقال:﴿إِنَّ الَّذِينَ يَتْلُونَ كِتَابَ الله وَأَقَامُوا الصَّلاةَ وَأَنفَقُوا مِمَّا رَزَقْنَاهُمْ سِرّاً وَعَلانِيَةً يَرْجُونَ تِجَارَةً لَّن تَبُورَ * لِيُوَفِّيَهُمْ أُجُورَهُمْ وَيَزِيدَهُم مِّن فَضْلِهِ إِنَّهُ غَفُورٌ شَكُورٌ﴾ [سورة فاطر، الآيات : 29 - 30]

آداب معلم القرآن

(1) أول ما ينبغي للقارئ أو المقرئ أن يقصد بذلك وجه الله تعالى:﴿وَمَا أُمِرُوا إِلاَّ لِيَعْبُدُوا الله مُخْلِصِينَ لَهُ الدِّينَ حُنَفَاءَ وَيُقِيمُوا الصَّلاةَ وَيُؤْتُوا الزَّكَاةَ وَذَلِكَ دِينُ

القَيِّمَةِ﴾:[سورة البينة، الآية: (5)]. وإنما يعطي الرحل علي قدر نيته والإخلاص هو تصفية الفعل عن ملاحظة المخلوقين.

(2) أن يتخلق بالمحاسن التي ورد الشر عبها والخصال الحميدة والسيم المرضية التي أرشد الـلـه إليها من: حلم, وسعة صدر, وحسن خلق, وسخاء, وجود, وطلاقة وجه, والتنزه عن دنيء المكاسب وملازمة الورع والخشوع والسكينة والوقار, والتواضع, واجتناب الضحك, والكثير من المزاح وملازمة الوظائف الشرعية كالتنظيف والتطيب وإزالة الشعر التي أمر الشارع بإزالته كقص الشارب وغيره وتقليم الأظافر.

(3) أن يجيد تلاوة القرآن ,مع حفظ ربعه على الأقل.

(4) وليحذر كل الحذر من الحسد والرياء والعجب واحتقار غيره وإن كان دونه.

(5) وينبغي أن يراقب الـلـه تعالى في سره وعلانيته ويحافظ على ذلك وان يكون تعويله في جميع أموره على الـلـه تعالي.

(6) وينبغي له أن يرفق بمن يقرأ عليه, وأن يرحب به ويحسن إليه بحسب حاله فقد روي عن أبي هارون العبد يرحنه الـلـه تعالى أنه قال: كنا نأتي أبا سعيد الخدري (رضي الله عنه) فيقول: مرحبا بوصية رسول الـلـه (صلى الله عليه وسلم) أن النبي (صلى الله عليه وسلم) قال «**إن الناس لم تبع وإن رجالا يأتونكم من أقطار الأرض يتفقهون في الدين فإذا أتوكم فاستوصوا بهم خيرا**» [رواه الترمذي وابن ماجة].

(7) وينبغي أن يبذل لهم النصيحة، فإن رسول الـلـه (صلى الله عليه وسلم) قال: «**الدين النصيحة، قلنا لمن؟ قال: لله ولكتابه ولرسوله ولائمة المسلمين وعامتهم** » [رواه مسلم]. ومن النصيحة لله تعالى ولكتابه إكرام قارئه وطالبه وإرشاده ولمصلحته والرفق، متلطفا به وحرضا له على التعلم.

(8) وينبغي أن يذكرهم بفضيلة ذلك، ليكون سببا في نشاطهم وزيادة في رغبتهم ويذكرهم بفضيلة الاشتغال بالقرآن وسائر العلوم الشرعية.

(9) وينبغي أن يشفق على الطالب ويعتني بمصالحه كاعتنائه بمصالح ولده ومصالح نفسه، ويجري المتعلم مجرى في الشفقة عليه والصبر على جفائه وسوء أدبه في بعض الأحيان فإن الإنسان معرض للنقائص، لا سيما إن كان صغير السن.

(10) ينبغي أن يلين لهم ويتواضع معهم، وقد جاء عن النبي (ﷺ) « **لينوا لمن تعلمون ومن تتعلمون منهم**»

(11) أن يفرغ قلبه في حالة الإقراء من الأسباب الشاغلة الصارفة وهي كثيرة ومعروفة وأن يكون حريصا على تفهيمهم، وأن يعطي كل إنسان ما يليق به.

(12) أن يصون يديه -في حالة الإقراء -عن العبث، وعينيه عن تفريق نظرهما من غير حاجة، ويقعد على طهارة مستقبل القبلة، ويجلس بوقار، وتكون ثيابه نظيفة، ويصلي ركعتين قبل الجلوس ويقرئ الناس جاثيا على ركبتيه أفضل.[التبيان: النووي].

طريقة التحفيظ:

- أن يقرأ الآيات بدقة ووضوح منفردا، ثم يستمع لقراءة ولدين متميزين مع تصحيح الأخطاء، ثم يستمع لكل تلميذ على حدة. ثم يقوم بقراءة جامعة لكل التلاميذ أكثر من مرة، مع مراعاة أن يشير التلميذ بإصبعه على الآيات والكلمات التي يقرأها.
- أن يكتب التلميذ الآيات التي يأخذها بالتشكيل.
- أن يقوم المحفظ بتسميع الماضي (ما ثم حفظه قبلا)

كيفية النهوض بمستوى أداء معلمي القرآن ومساعديهم

ولكي ننهض بمستوى أداء المعلمين ينبغي أن تكون هناك دورات لتدريبهم على مهارات التدريس وتوضيح أهداف العمل والوسائل المحققة لها وطرق تقويمها.

تعريف الكتاب

هو مكان له شروط، يتم فيه تحفيظ القرآن، والتعريف بإحكامه مع الحرص على تهذيب سلوك التلاميذ، ويقوم على ذلك محفظ ومدرس أو أكثر.

شروط الكتاب الجيد

- أن يكون المكان إيجارا أو تمليكا، ويسع لعدد 15 فردا على الأقل.
- وجود هيكل إداري: (محفظ -مساعد -إداري)
- به مرافق: (دورة مياه -سبورة -أماكن جلوس)
- لابد من وجود سجل يسجل فيه تاريط التحاق التلميذ وتاريط ميلاده وولي أمره وعنوانه.
- لابد من وجود سجل متابعة لتقدم التلاميذ، على أن يسجل فيه ما تم حفظه ومدى تقدم التلميذ.
- أن تكون مواعيد ثابتة للتحفيظ، ولتكن من التاسعة صباحا وحتى الواحدة ظهرا (صيفا) يوميا.
- تسجيل الكتاب في الأزهر أو الأوقاف أو الشيءون الاجتماعية.
- لابد من وضع خطة لتدرج التلاميذ في حفظ القرآن الكريم.

ويقترح لها الآتي:

العام الأول: حفظ جزء عم، مع التدريب على القراءة والكتابة

العام الثاني: حفظ جزء تبارك وجزء قد سمع

العام الثالث: حفظ جزء الذاريات والأحقاف والشورى

العام الرابع: من فصلت إلى العنكبوت

العام الخامس: من أول طه وحتى آخر يوسف.

ملاحظات:

- يراعى الفروق الفردية في الحفظ
- تقام حفلات تكريم في الكتاب والمنزل عند إتمام حفظ كل جزء.
- يتم عمل حفلات تخرج لكل من أتم حفظ القرآن كاملا.

طريقة إنشاء كتاب رسمي:

- يتقدم حافظ القرآن بطلب للمنطقة الأزهرية أو الأوقاف أو الشؤون الاجتماعية التابع لها بإنشاء الدار مشفوعا بالتمغة المقررة للسيد/ مدير إدارة شؤون القرآن الكريم.
- يحمل معه البطاقة الشخصية وصورتها, وشهادة الميلاد وصورتها, وعقد إيجار أو تمليك المكان, وأربع صور شمسية له.
- أن يقوم بعمل دعاية كافية للكتاب تدل عليه.

اقتراح نموذج استمارة تحفيظ القرآن الكريم:

الاسم:	رقم الطالب في الدورة:
العنوان:	اسم الكتاب:
تاريخ الميلاد:	المسئول المشرف:

السن:	اسم ولي الأمر:
رقم البطاقة:	توقيع ولي الأمر:
توقيع أمين المكتب:	

والوجه الخلفي للاستمارة يكون كالآتي:

شروط الدورة

لا يقل سن الطالب عن 6 أعوام ولا يزيد عن 15 عاما

يحفظ الطالب 3 أجزاء من القرآن في الدورة.

لا يجوز للطالب أن يتخلف عن الحضور أكثر من ثلاث مرات وألا يحق له دخول الامتحانات واخذ الجوائز

أن يتقدم الطالب ومعه شهادة الميلاد وبحضور ولي أمره وذلك يوم / /

ونسأل الله أن يجعلنا من خدام كتابه العزيز

الأعمال التي تتم داخل الكتاب:

حفظ القرآن الكريم	الصلاة
ختام الصلاة	المسابقات
عروض فيديو	مجلات حائطية
مكتبات بأنواعها (كتب - أشرطة)	دورات ثقافية

أبحاث	مسابقات أوائل الطلبة
مشروع مصحف الجيب	الكشف الطبي الدوري
الامتحانات الشهرية	اللقاءات الإيمانية
حفلات السمر والتفوق	الكراسة المنزلية
معارض اللوحات	الأنشطة العلمية والمهنية
المسرحيات	دروس التقوية
الحلقات المسجدية	الحاسب الآلي

المواصفات التي يجب مراعاتها عند القيام بهذه الأنشطة:

● أن يغلب عليها طابع الربانية والتأصيل الشرعي.

● أن يراعي فيها الهدوء والنظام والنظافة.

● أن يكون هناك ركن خاص بها حتى لا يشغل المكان كله.

● أن يكون هناك تنوع في الرسائل المستخدمة.

نماذج من بعض الوسائل التي تتم داخل الكتاب

أولا: إقامة الصلاة وختامها:

(1) الأهداف:

● رفع الجانب الإيماني.

- زيادة الترابط بين المتعلمين.

- تعلم فقه الصلاة من خلال الممارسة العملية.

- جذب أفراد جدد.

(2) إجراءات عملية:

- تواجد مشرف

- جلوس التلاميذ على شكل حدوه حصان بعد الصلاة مباشرة

- ترديد أذكار الختم في هدوء مع المدرس

- أخذ ركن في أحد الأماكن

- الدعاء وربط التلميذ بقدرة الله على الاستجابة

- نصيحة لا تتعدي 5 دقائق تخدم الأهداف التربوية

- تدريب بعض المتميزين لتحفيظ غيرهم أذكار الختم

- الابتكار

ثانيا: مسابقة القرآن الكريم:

(1) الأهداف: رفع الجانب الإيماني الاطمئنان علي مستوي الحفظ التشجيع علي الحفظ

(2) الإجراءات:

أ) قبل المسابقة:

1. الإعلان عن التقدم لمسابقة القرآن الكريم بالمكان المحدد سلفا عن طريق:

- لوحات إرشادية أو ملصقة

- ورقة دعاية
- دعاية صوتيه
- دعاية فردية

2.تحديد شروط المسابقة والمتسابقين:

وممكن أن تكون أحد النماذج الآتية:

- المسابقة في حفظ جزء أو جزئين أو أكثر:

السن – المكان – الجوائز

- المسابقة في تجويد القرآن:

السن -المكان -الجوائز

ويمكن تقسيم المسابقات إلى مستويات: (أول -ثاني -ثالث) حسب الكم والكيف.

ب) أثناء المسابقة:

- تجهيز المكان: المناضد -المصاحف -الأوراق -الأقلام -الجداول المتفق عليها مثل:

مسلسل	الاسم	الحفظ 60%	التجويد 40%

- جلوس التلاميذ في حلقات مع مدرس مع شغلهم بالمراجعة أو بالذكر
- التسميع فرادى أو مجموعات
- تفريغ النتائج وترتيب التلاميذ حسب درجاتهم
- المحافظة على نظافة المكان

- المحافظة على الهدوء والنظام

- الابتكار

ت) بعد المسابقة:

* جلوس التلاميذ على هيئة صفوف ....

* توزيع الحلوى أو مشروب ....

* تحضير الشهادات التقديرية والجوائز الأخرى على أن يراعى ربط الوسيلة بالهدف

....

* لا مانع من خطاب شكر أو شهادة لولي الأمر ....

* كما يمكن أن يكون في البرنامج ما يلي:

- كلمة المدير العام -كلمة فرعية للمدرسين -كلمة لولي أمر واحد على الأقل

....

- حوار مع تلميذ متفوق ....

- نشيد -مشهد تمثيلي -مسرحية -مسابقة متنوعة ....

- ولا ننسى الدعاية الكبيرة للحفل بما يحقق الأهداف العامة ....

- الابتكار ....

الأعمال التي تقام خارج الكتاب:

- الرحلات

- الرياضيات المتنوعة: كرة قدم -تنس طاولة -سباحة.

- نظافة البيئة.

- المعارض الخدمية.

• زيارة المعالم في البيئة المحيطة.

ويراعى في هذه الأنشطة أن تكون مرتبطة بالأهداف ارتباطاً وثيقاً.

نموذج للبرنامج اليومي

البرنامج المعتاد (يومي)	الزمن	النسبة
استقبال الطلاب والاطمئنان عليهم	9.30-9	%10
الغياب	9.30-9	%25
الجلوس في حلقات	9.30-9	%10
القراءة والتسميع	11.30-9.30	%10
فقرات متنوعة (مسابقة -حديث -فقه...)	12-11.30	-
القيام ببعض الأنشطة الحرة (زراعية -صناعية)	1-12	%10
صلاة الظهر وانصراف بعد ختم الصلاة والمجلس	1.0	%10
الابتكار	-	%25

ملاحظة: يحرص المعلم على إضافة بعض الأعمال التي تنفذ خارج الكتاب إلى النموذج المذكور وذلك بعد التسميع مباشرة.

ثانيا: المسجد

أولا: يمكن أن يقام بالمسجد -إلى جانب الصلاة طبعا- مثل هذه الأعمال:

- حفظ القرآن المسابقات عروض الفيديو

- المجلات الحائطية المكتبات بأنواعها الاعتكاف

- الحلقة والمجموعة المسجدية الكشف الطبي أوائل الطلبة

- الامتحانات الشهرية الدورات الثقافية الأبحاث

- مشروع مصحف الجيب فصول التقوية الإفطار

- قيام الليل وتلاوة الأذكار اللقاءات الإيمانية حفلات السمر والتفوق

- المشاركة في نظافة المسجد الكراسة المنزلية معارض اللوحات

- الأنشطة العلمية والمهنية المسرحيات يوم النشاط

يراعى عند ممارسة هذه الأنشطة:

- أن يغلب عليها طابع الربانية والتأصيل الشرعي

- أن يراعى فيها الهدوء والنظام والنظافة بما يتواءم مع قدسية المكان

- أن يكون هناك ركن للأولاد، بحيث لا يشغلون جميع المسجد.

- أن يكون هناك تنويع في الوسائل المستخدمة.

ثانيا: أعمال يمكن أن تتم خارج المسجد:

- الرحلات الرياضة

- نظافة بيئة دورات للحاسب الآلي

- معارض خدمية   زيارة معالم البيئة المحيطة

- ويراعى أن تكون هذه الأعمال مرتبطة بالهدف ارتباطا وثيقا، وان تكون الأهداف واضحة لدى الجميع ومعرفة مدى تحققها سواء كميا أو وكيفيا.

ثالثا: نماذج لبعض الأعمال المذكورة:

(1) الحلقة أو المجموعة المسجدية:

1-الأهداف القريبة:

- رفع الجانب الإيماني

- جذب أفراد جدد

- تقوية الروابط بين المتعلمين

- الاستفادة العلمية

2-   الإجراءات:

أ – قبل الحلقة

1. التحضير الجيد كالآتي: وضع الهدف –كتابة الموضوع

2. إعداد الوسائل الإيضاحية

3. تجهيز المكان

ب- أثناء الحلقة:

1.   جلوس التلاميذ على شكل حدوه حصان...................

2.   توزيع المصاحف والمحافظة على الهدوء...................

3. تقسيم الفقرات (الحديث – القرآن – القصة – التاريخ)......

4.توافر العنصر المشوق (جوائز - إثارة - أسئلة - تشجيع بالكلمة - توزيع بعض الحلوى - عمل حوار).................

5.استخدام الجانب القصصي ....

6.التأكد من وصول المعلومة عن طريق بعض الأسئلة (التقويم) ....

7.الواجبات العملية (الدروس المستفادة)...............

8.بعض الأنشطة الأخرى (زراعية -صناعية)...............

ج- بعد الحلقة:

1.متابعة السلوكيات المتفق عليها في احد الأماكن الآتية: (منزل -شارع - مدرسة)...............

2.الاتصال بولي الأمر...............

3.الابتكار ....

(2) المكتبة بأنواعها (أشرطة -كتب)

1- الأهداف القريبة:

● الحث على القراءة والاستماع

● زيادة الرصيد الثقافي

2- الإجراءات العملية:

● تخصيص مكان واضح...............

● تعيين أمين مكتبة...............

● الدعاية المكانية للإعلان عن بعض محتوياتها...............

- عرض الوسائل بشكل جيد..

- وجود سجل للمكتبة...

- وجود سجل للاستعارة...

- بعض المسابقات حول بعض الموضوعات..........................

- التحفيز أو المشوقات مثل: مسابقة أحسن قارئ والانضباط في المواعيد..الخ
  ....

- التنويع في محتوياتها بحيث تكون شاملة وقريبة من مستوى المتعلمين.......

- الابتكار..

(3) الاعتكاف:

1- الأهداف القريبة:

- رفع الجانب الإيماني

- الارتباط بأهل المسجد

- الإقبال على المساجد

- معايشة المتعلمين

- التعرف على سلوكيات المتعلمين وعلاج السلبي منها

2- الإجراءات العملية:

- تخصيص مكان للأولاد..

- وجود مشرف لكل 5 أولاد.......................................

- مجموعات ذات أسماء هادفة....................................

- برنامج خاص للأولاد فيه: مدارسات – مسابقات – حلقة تجويد – ورد قرآني وأذكار – ذكر يومي وشعار – فيديو – مواقف تمثيلية – القيام الصلاة...............

- جلسة تقويم يومية عقب نوم الأولاد...............

- لوحات إرشادية حول الشعار اليومي والمجموعات...............

- ميزانية خاصة للأولاد وجمع الاشتراكات...............

- نظافة المكان وترتيب الأمتعة...............

- أنشطة علمية ومهارية...............

- مشاركة الأولاد في الخدمة عن طريق مشرفهم...............

- الابتكار...............

ملاحظة:

- مراعاة الآداب الشرعية مثل: التفريق في المضاجع

- مراعاة أدب الحديث مع الكبار

ثالثا: المدرسة

أهمية المدرسة

1- وجود الأطفال كلهم (تقريبا) في مكان محدود (حيث تندر نسبة التسرب من التعليم الأساسي) وبذلك يسهل الوصول إليهم ومخاطبتهم بالرسالة المطلوبة.

2- وجود أطفال ينتمون إلى شرائح اجتماعية مختلفة.

3- يوم طويل داخل المدرسة مما يتيح فرصة المعايشة والاحتكاك

4- فتح آفاق جديدة للعمل الهادف المثمر

5- زيادة خبرات المعلمين والطلاب

6- وجود جماعات نشاط طبيعية

ثانيا: أهداف العمل

1- إيصال الفهم الصحيح إلى الطفل

2- التربية الشاملة للطفل وغرس القيم والأخلاقيات والسلوكيات الفاضلة في مجتمع المدرسة.

3- الإسهام في تكوين المجتمع الصحيح من خلال المدرسة.

4- كشف المواهب وتنميتها

5- حماية الأطفال من المخططات المضاد

ثالثا: سمات المدرسة

تختلف سمات المدرسة حسب الآتي:

الإدارة تنقسم في مدى ترحيبها بالعمل إلى:

أ) متعاونة ايجابية

ب) سلبية

المدرسون:

أ) غير مهتمين

ب) اهتمامات فرعية

ت) ايجابيون متعاونون

النشاط:

أ- صوري

ب-روتيني

ج- فاسد هدام

د- ايجابي غير موجه

ه- ايجابي موجه

مجالس الآباء

روتينية وغير مؤثرة.

رابعا: إجراءات العمل بالمدرسة:

1-تحديد مشرف المدرسة

2-تحديد مجموعة العمل

3-انضمام مجموعة العمل إلى ثلاث جماعات نشاط على الأقل، على أن يكون منها جماعة الإذاعة.

4-دراسة إمكانات كل طالب وميوله في مجموعة العمل ثم توجيهه إلى جماعة النشاط المناسبة مع تدريبه وحثه على دعوة زملائه وخاصة المتفوقين للانضمام إلى جماعة النشاط التي ينتمي إليها.

5-التعاون مع الزملاء للقيام بالنشاط المطلوب في كل جماعة

6-توصيل المادة إلى مشرف جماعة النشاط

7-توطيد الصلة مع زملائه خارج المدرسة وبخاصة المتفوقون وأبناء الصفوة وذلك بالزيارة والهدية.... الخ.

8-متابعة مجموعة العمل وتوجيهها.

يراعى عند تكوين المجموعة

1-حسن الاختيار (المتميزين)

2-التوظيف حسب الطاقة والميل

3-التدريب الجيد

4-تيسير المعلومة

5-المتابعة المستمرة

6-حل المشكلات

7-مساعدتهم دراسيا عن طريق المجموعات الدراسية والدروس الخصوصية.

8-تنظيم أوقاتهم

9-إعانتهم عن طريق الجمعية الخيرية.

10- عدم التعنيف

11- انتظام الصلة بهم

12- السير في البرنامج الثقافي والروحي معهم

خامسا: مجالات النشاط الدراسي

المجال الثقافي	المجال الرياضي	المجال الفني	المجال الاجتماعي	المجال العلمي
ويشمل:	ويشمل:	ويشمل:	ويشمل:	ويشمل:
1- جماعة الإذاعة	1-جماعة الدوري	1) جماعة الرسم	1) جماعة البيئة والسكان	1) جماعة العلوم
2- جماعة الصحافة	2-فريق الكشافة	2) جماعة الموسيقى	2) جماعة التعاون الزراعي	2) جماعة المواد الاجتماعية
3- جماعة المكتبة	3-فريق العاب القوى	3) جماعة التصوير	3) جماعة الهلال الأحمر	3) جماعة التربية الزراعية
4- جماعة الخطابة		4) جماعة التمثيل	4) جماعة الخدمة العامة	4) جماعة الرياضيات
5- جماعة الإلقاء		5) جماعة الفن	5) جماعة المراسلات	5) جماعة الراديو
6- جماعة الندوات		6) جماعة المسرح	6) الجماعة الدينية	6) جماعة أديسون
7- جماعة المناظرات		7) جماعة التربية الفنية	7) الأندية المدرسية	7) جماعة الكمبيوتر
8- جماعة اللغة العربية		8) جماعة الإبداع والتفوق	8) جماعة الرحلات	8) جماعة احمد زويل
9- جماعة احمد شوقي				9) جماعة الخوارزمي
10- جماعة اللغة الانجليزية				10) جماعة ابن سينا
				11) نادي العلوم
				12) الجماعة العلمية

ملاحظات:

● جماعة النشاط مجموعة متجانسة تتألف من (10) إلى (20) تلميذ لتقوم بأحد الأنشطة المذكورة تحت إشراف رائد النشاط.

● جماعة النشاط لها حق الاستعانة بالوسائل المختلفة (مجلة –رحلة –حفلة) ولكن يفضل التخصص حسب نوع المجال التابعة له الجماعة ويفضل عند اختيار أكثر من جماعة التنوع في المجالات (رياضي –ثقافي –علمي)

● جماعة النشاط تكون بالانتخاب على مستوى الفصل وعلى مستوى المدرسة وتختص كل لجنة بمجال من المجالات الخمسة المذكورة: لجنة ثقافية، لجنة رياضية، لجنة فنية، لجنة اجتماعية، لجنة علمية.

سادسا: ريادة الفصل

التعريف

الريادة هي رسالة يقوم بها رائد الفصل الذي تقع على عاتقه مسئولية توجيه الطلاب ولذلك ينبغي أن تكون من مهام رائد الفصل أنه: يربي – يوجه – يعلم –يتابع – يكشف المواهب الخ.

نماذج الأنشطة العملية داخل الفصل

1-تنظيف الفصل وتجميله

2-عمل مجلات شاملة للجوانب (الثقافية والاجتماعية) ومن الممكن الاستفادة بالوسائل المختلفة مثل: مجلة حائط –مجلة مطبوعة –مطوية –قصة.

3-الاشتراك في معسكر خدمة عامة بالمدرسة

4-الاشتراك في رحلة (تخدم هدفنا معينا) أو علمية (تخدم مادة معينة)

5-الاشتراك في مسابقة أوائل الطلبة بين الفصول

6-الاشتراك في دوري المباريات الرياضية بين الفصول

7-الاستعارة: الاتفاق على نظام الاستعارة من مكتبة الفصل والالتزام به

8-إنشاء صيدلية خاصة بالفصل تشتمل على بعض مستلزمات الإسعاف الأولية

9-تكريم المتفوقين في الامتحانات الشهرية وفي النشطة الرياضية والثقافية والاجتماعية والفنية.

10-إلقاء كلمة في الإذاعة المدرسية موزعة على طلاب الفصل

11-زيارة المرضى في المستشفيات وتقديم اله

12-أيا لهم

13-إعداد حفل يدعى له المدرسون والإدارة وأولياء أمور الطلبة.

14-عمل مناظرات حسب الخطة المدرسية

15-عقد الندوات المختلفة (إسلامية -وطنية -علمية)

16-إعداد وسائل إيضاح لكل مادة

17-استثمار السبورة: (آية -حديث -حكمة -شعر)

18-شعار الفصل (السنوي -الشهري -الأسبوعي -اليومي)

سابعا: الاتحاد

تعريفه

هو هيئة تمثل الطلاب لتكوينها بالانتخاب وتمارس من خلاله كافة الأنشطة الثقافية والاجتماعية والرياضية والفنية مما بساعد على نمو شخصية الطالب ونضجه

أهميته

- تنمية ممارسات الاتحاد مبدأ الايجابية لدى الطلاب
- يعمل على تكوين مهارات وممارسات عملية جيدة منها الاجتماعية والثقافية والرياضية... الخ
- ينمي معنى المشاركة السياسية ويدرب على خدمة القضايا الوطنية
- ينمي روح التعاون وممارسة الشورى
- يكسب الإفراد قيمة نفع الغير وتقديم المصلحة العامة.. الخ

ثامنا: أسس عامة لممارسة النشاط

1-أن يكون النشاط موجها نحو هدف واضح يشترك في تحديده كل من المدرس والتلميذ

2-تنوع وتعدد مجالات النشاط بما يقبل مختلف هوايات التلاميذ وميولهم

3-مراعاة المراحل السنية عند اختيار أوجه النشاط المختلفة حيث أن الأنشطة التي يمارسها تلميذ المرحلة الابتدائية تختلف عن التي يمارسها تلميذ المرحلة الإعدادية.

4-مراعاة الفروق الفردية بين التلاميذ سواء في قدراتهم واستعداداتهم وإمكاناتهم

5-مراعاة طاقات التلاميذ وما يتبقى لهم من وقت للراحة أو للعب أو للنوم.

6-حرية التلاميذ في أثناء ممارسة أوجه النشاط حتى لا يشعروا بالقيود المشددة التي توجد غالبا داخل الفصل.

7-التزام الشورى في ممارسة أوجه النشاط المختلفة بإتاحة الفرص المتكافئة والعادلة أمام التلاميذ لإسهامهم الفعلي وتشجيعهم على الابتكار والتجريب واحترام قراراتهم ووضعها موضع التنفيذ.

8-بالنسبة للأنشطة المرتبطة بالمواد الدراسية يراعي أن يكون النشاط خادما للمقررات مشبعا بروح الهواية المقرونة بالمتعة والترويح.

9-مراعاة ارتباط النشاط بالبيئة وبحاجات المجتمع بقدر الإمكان ويكون ذلك من خلال ظروف البيئة المحلية والتعرف على احتياجاتها.

10- مراعاة أن يكون النشاط في حدود الإمكانات المتاحة حتى يتيسر أداؤه

11- إلا يقتصر النشاط على مجموعة معينة من التلاميذ ويجب أن تتسع القاعدة بقدر الإمكان

12- اهمم أسس نجاح النشاط المدرسي تحديد وقت خاص كاف ومناسب لممارسته خلال اليوم الدراسي بحيث يكون وقت النشاط جزءا من اليوم الدراسي وليس خارجا عنه حتى لا يشعر أولياء الأمور بان النشاط مضيعة للوقت

تاسعا: التقويم والمتابعة

● مرصود لكل نشاط من هذه الأنشطة (5) درجات

● إذا كان النشاط يتم بصورة صحيحة وفق المعدل المشار إليه احصل على (5) درجات.

- إذا كان النشاط لا يتم لا تحصل على درجة
- إذا كان النشاط يتم بنسبة من هذا المعدل تكون الدرجة حسب نسبة تحققه.

المجال	النشاط	معدلها	درجة(5)	ملاحظات
(1) الجمعة الدينية	1) مجلة الجماعة الدينية (مسجد/حائط)	1(أسبوعيا)		
	2) لوحات إرشادية (آداب/ فضائل/ محذورات)	1(أسبوعيا)		
	3) ندوات ودروس ومحاضرات (خادمة للأهداف)	1 (شهريا)		
		2(سنويا)		
	4) مسابقات للقرآن الكريم	1(شهريا)		
	5) مسابقات دينية	2(سنويا)		
	6) مسابقات للبحوث الدينية والمناسبات			
(2) اتحاد الفصول	1) كتابة النصائح والحكم علي السبورة	2(أسبوعيا)		
	2) مجلة دخل الفصل	1(أسبوعيا)		
	3) المسابقات العامة بين الطلاب	1 (شهريا)		
	4) تنظيف الفصل وترتيبه	2(أسبوعيا)		
	5) مكتبة الفصل المحمولة أو الثابتة	1(سنويا)		
	6) رحلات خارجية	2(سنويا)		
	7) حفلات داخل الفصل	4(سنويا)		
	8) مسابقات رياضية	2(سنويا)		

المجال	النشاط	معدلها	درجة(5)	ملاحظات
(3) المكتبة	1) مسابقة علي مستوي المدرسة (ثقافية) 2) عمل دليل للمدرسة ولمحتويات المكتبة 3) عمل مناظرات عامة 4) مسابقات تلخيص وبحوث وأحسن قارئ	2(سنويا) 1(سنويا) 1(شهريا) 2(سنويا)		
(4) الإذاعة	1) منهج إذاعة سنوي له أهداف ومادة 2) مسابقات الإذاعة المدرسية (مسموعة ومكتوبة) 3) مسابقات أوائل الطلبة 4) مسابقة إلقاء (شعر/ زجل/ خطابة) 5) مسابقة أحسن قارئ للقرآن 6) حوارات إذاعية حول قضايا عامة	1(سنويا) 1(شهريا) 1(شهريا) 2(شهريا) 2(سنويا) 1(شهريا)		

طريقة حساب الدرجات

(1) قم بحساب الدرجات الإجمالية بجمع مجموع الدرجات التي حصلت عليها

(2) تحسب الدرجة الإجمالية من 120

(3) بهذا يمكنك تحديد مستوي تقريبي للمدرسة ويمكن قياس ذلك

(4) يتم مراجعة موقف المدرسة من حيث التوازن بين الأنشطة والمجالات فقد ليغلب مجال على حساب آخر.

رابعا: النادي أو مركز الشباب

تعريف:

تعتبر النوادي الرياضية والساحات الشعبية ومراكز الشباب من وسائل تجمع الأطفال عامة وأبناء الصفوة خاصة بما تمتلكه من وسائل جذب في مختلف الأنشطة.

الأهداف:

(1) توصيل الرسالة إلى المتواجدين في هذه المؤسسات من الأطفال.

(2) توصيل القيم الفضلة والتأكيد عليها حتى تصبح سلوكا لهم مثل: بر الوالدين – اختيار الصديق - التفوق.. الخ.

(3) المساهمة في إيجاد المجتمع الفاضل.

ما ينبغي مراعاته:

(1) يجب أن يكون المعلم عضوا بالنادي أو مركز شباب.

(2) حسن التعامل مع الإدارة.

(3) تفعيل الأنشطة القائمة: الثقافية – الاجتماعية – الفنية – الرياضية – الكشفية.

(4) السعي إلى الاشتراك في إحدى لجان النادي والعمل على تفعيلها.

(5) دراسة لائحة النوادي والمراكز مع محاولة الاستفادة منها في ممارسة النشاط.

(6) رصد المسابقات المعلنة في النوادي ومراكز الشباب بمختلف أنواعها مع وضع خطة في كيفية التعامل معها.

(7) الاستفادة من الشخصيات العامة أو الصفوة.

(8) الاستفادة من الموهوبين المتواجدين في النادي.

(9) الاستفادة من مشروع محو الأمية وتطبيقه وخاصة مع الأطفال المتسربين من مراحل التعليم الأساسي.

صفات المعلم المطلوبة:

(1) أن يكون المعلم صاحب موهبة أو مهارة تعينه علي الاشتراك في النشاط

(2) أن يكون المشرف محبوبا

(3) يألف ويؤلف

(4) أن يكون للمعلم تواجد بالنادي

(5) أن يكون له قدرة علي التوظيف

(6) أن يكون ذا شخصية اجتماعية جذابة وتجيد الانتفاع علي الآخرين

(7) أن يكون لديه استقرار عاطفي ويكون صاحب شخصية مستقرة غير انفعالية أو صدامية أو متسرعة

(8) أن يكون واسع الأفق يحسن التعامل مع اللوائح والقوانين الخاصة بالنادي

وسائل العمل:

وهذه الوسائل كثيرة ومتنوعة ومنها: (الرحلات – المسابقات بأنواعها – المكتبة – المعسكرات والمصايف – المحاضرات والندوات – الحاسوب – الرياضة – بأنواعها – المجلات – والنشرات – الحفلات وخاصة تكريم المتفوقين – النشاط الفني:المسرحيات وفرق الكورال – الفيديو والكمبيوتر – مسرح العرائس – الخدمة العامة: تشجير ونظافة الطرق – فصول التقوية – البحوث – المعارض – التوعية الصحية – السباحة).

خامسا: المكتبات العامة

الأهداف العامة:

(1)   شغل أوقات الأطفال في الجاد المفيد

(2)   تحبيب الأطفال في القراءة

(3)   إثراء ثقافة الأطفال وتوسيع مداركهم

(4)   كالوصول إلي شريحة جادة متميزة من الأطفال

(5)   جذب أفراد جدد

إجراءات عملية:

● حصر محتوى المكتبة من خلال الفهارس أو المرور المباشر علي أقسامها.

● توجيه الأطفال إلى القراءة النافعة الخادمة للقيم والأهداف.

● إذكاء التنافس بين الأطفال لاختيار أكثرهم تردداً على المكتبة أو أكثرهم قراءة أو أحسنهم بحثا في موضوع يحدده المربي سلفاً.

● توصيل الرسالة إلى المكتبة من خلال الوسائل والإصدارات المختلفة (الكتب، والمجلات بأنواعها، والمطوية... إلخ).

● الاشتراك في أنشطة المكتبة الجيدة مثل: الندوات، والمحاضرات، والبحوث.

● تقديم اقتراحات بموضوعات هادفة للأنشطة السابقة مع إسهامنا فيها (حضوراً ومحاضرة).

سادساً: قصور الثقافة

أولا: التعريف

قصور الثقافة هي إحدى المؤسسات التي تهدف إلي نشر الثقافة المختلفة بصورة مباشرة أو غير مباشرة من خلال مجالات وأنشطة محددة.

ثانياً: الأهمية:

تهتم قصور الثقافة بالطفل عن طريق غرس القيم الايجابية من خلال أنشطتها الإبداعية التي تهدف إلى كشف المواهب وجوانب التميز لدى الأطفال وتنميتها، كما أن قصور الثقافة محل عناية ورعاية من الدولة حيث إنها تفسح وتقدم لها ما تطلبه من إمكانات وموارد بشرية بهدف الارتقاء والنهوض بالطفل وتفريغ طاقاته.

ثالثاً: كيفية الاستفادة

الأنشطة داخل قصور الثقافة كثيرة ومتنوعة مثل (إنشاء فريق للإنشاد أو الغناء أو التمثيل - أو تأليف الشعر والزجل والنصوص المسرحية -والتدريب على نظم الشعر وإلقائه - والاشتراك في مسرح العرائس سواء أكان بالتأليف أو التمثيل -وكافة الفنون مثل الرسم والنحت والحفر والصلصال واستعمال الأوراق كأشكال -وأنشطة المكتبات الثابتة والمتنقلة وما تحويه من كتب وإجراء أبحاث ومسابقات نوادي العلوم وإعداد دورات الكمبيوتر وإكساب بعض المهارات وإكساب بعض المهارات مثل الإسعاف في قصور الثقافة ومزاولة أنشطتها سواء أكان فردا أو مجموعة أو حتى هيئة مثل: المدرس مع مجموعته والمدرب مع فرقته والقائد الكشفي مع فريقه والجمعية الاجتماعية ومركز الشباب. ويتم ذلك من خلال الاتصال بالموظف المختص الذي يرحب دائما بالنشاط والأعضاء.

خامسا: ما ينبغي مراعاته

1-التعامل مع الإدارة بحكمة وفطنة مع ضرورة التعاون معها والالتزام بما تنص عليه الإدارة من قوانين ولوائح

2-ضرورة المتابعة المستمرة للأولاد أثناء ذهابهم ورجوعهم من القصور مع التقويم الدوري لما يقدمونه من أعمال ووضع البصمة الأخلاقية عليه حتى يكون لتلك الأعمال التأثير المطلوب.

3-ينبغي العمل على تلافي الآثار السلبية.

4-الاستعانة بالشخصيات العامة وبخاصة في الندوات.

سابعا: الكشافة

س1: ما هي الكشافة؟

هي حركة تربوية تطوعية غير سياسية موجهة للفتية والشباب مفتوحة للجميع دون تمييز في الأصل أو الجنس أو العقيدة وفقا للهدف والمبادئ والطريقة التي عبر عنها مؤسس الحركة.

س2: من هو مؤسس الحركة الكشفية؟

اللورد بادن بادول

س3: ما أهداف الحركة الكشفية؟

أهداف الحركة الكشفية هي الإسهام في تنمية الشباب والوصول للاستفادة التامة من قدراتهم البدنية والعقلية والاجتماعية والروحية كأفراد ومواطنين مسئولين وكأعضاء في مجتمعاتهم المحلية والوطنية والعامة.

س4: ما هي مبادئ الحركة الكشفية؟

مبادئ الحركة الكشفية هي:

1-الواجب نحو الله

2-الواجب نحو الفريق والآخرين

3-الواجب نحو الذات

س5: ما هي الطريقة الكشفية؟

الطريقة الكشفية هي:

1-الوعد والقانون

2-التعليم بالممارسة

3-العضوية أو الفعل في جماعات صغيرة (السياسي -الطليعة -الرهط)

4-البرامج المتدرجة المثيرة.

س6: ما هو القسم الكشفي؟

يؤدي القسم الكشفي (الأشبال والكشافة) ونصه للمستويين: اعد أن ابذل جهدي في أن أقوم بواجبي نحو الله ثم الوطن وان أساعد الناس في جميع الظروف وان اعمل بقانون الكشافة.

س7: ما هي صفات (الكشافة -الشبل) في قانون الكشافة؟

1-صادق وموثوق فيه.

2-مخلص لله والوطن والناس

3-نافع ومعين للغير

4-ودود وأخ لك (كشاف -شبل)

5-مؤدب وحميد

6-رفيق بالحيوان ومحب للنبات (أضافت سوريا كلمة محب للنبات)

7-مطيع لرؤسائه رفيق بمرؤوسيه

8-باش وصبور

9-مقتصد وحسن التصرف

10- نظيف المظهر والقول والفعل

11- شجاع ومقدام (إضافته مصر بندا كاملا)

س8: ما هي الطليعة وما تكوينها وما هو اجتماع الطليعة؟

الطليعة هي جماعة صغيرة من الكشافين يتقاسم أفرادها الأعمال فيما بينهم لها رئيس يشرف على قيادتها وينظم أعمالها، ومساعد يعاونه على القيادة ويعملون على النهوض ب(الطليعة -السداسي) والعمل في وئام، ويعقد مرة كل أسبوع.

تكوينها: تتكون من أفراد يتراوح أعمارهم ما بين أشبال (6-11 سنة)، كشاف (11-14سنة) كشاف متقدم (14-17 سنة)، ويتراوح عددهم ما بين (6 للأشبال) و(6-8 للكشاف) و(5-8 للكشاف المتقدم)

اجتماع الطليعة هو: اجتماع يجتمع فيه أفراد (الطليعة -السداسي) ويكون في فترات منظمة ليناقش فيه خطة (الطليعة -السداسي)

س9: ما هي أفراد الطليعة؟

لكل فرد في الطليعة وظيفة، فالطليعة كخلية النحل وهذه الوظائف هي:

1-عريف الطليعة (سداسي)

2-مساعد العريف

3-أمين الصندوق

4-أمين العهدة

5-أمين المكتبة

6-أمين السر

7-مسئول العلاقات العامة

بالإضافة إلى وظائف فرعية هي: (المسعف -الطاهي -مسئول الرحلات -المسامر -
بلبل الطليعة...الخ)

س10: ما وظيفة عريف الطليعة (السداسي)؟

يتم اختياره في مرحلة (السداسي) بالتعيين عن طريق القائد.

(الكشافة): بالتعيين أو بالانتخاب

(المتقدم): بالانتخاب

**وهو المسئول عن إدارة (الطليعة -السداسي) ومتابعة أفرادها ويجب أن يتوفر في
عريف (الطليعة -السداسي) الشروط التالية:**

1-إلا يقل سنه عن السن المحددة للفترة التي ينتمي إليها

2-ذو هوايات متعددة

3-أن يكون قد أتم بنجاح مرحلة (شبل ثان -كشاف ثان -كشاف متقدم ثان)

4-أن يكون قد شغل مهام قيادية في (الطليعة -السداسي) لمدة عام كشفي على الأقل.

ووظائفه كالآتي:

1- تمثيل (الطليعة -السداسي) في مجلس الشرف (الشورى)

2- العمل على تنفيذ قرارات المجلس داخل (الطليعة -السداسي)

3- يرأس ويدير اجتماعات (الطليعة -السداسي)

4- يشجع أفراد الطليعة على التقدم ويساعدهم

س11: ما وظيفة كل من: مساعد عريف (الطليعة -السداسي) - أمين الصندوق - أمين العهدة - أمين المكتبة - مسئول العلاقات العامة - أمين السر (سكرتير الطليعة)؟

1- مساعد عريف (الطليعة -السداسي): يختاره عريف (الطليعة -السداسي) من بين طليعته (بعد موافقة قائد الفريق) ووظائفه كالآتي:

● معاونة العريف في القيام بمهامه

● ينوب عن عريف الطليعة في حالة غيابه

● يقوم ببعض الأعمال بالتنسيق مع (عريف الطليعة -رئيس السداسي)

2- أمين الصندوق: المسئول عن الشؤون المالية لـ (الطليعة -السداسي) ووظائفه كالآتي:

● الاحتفاظ بأموال الطليعة وتنميتها

● تحصيل الاشتراكات بأنواعها

● تدوين كافة الإيرادات والمصروفات

● يشرف على شراء الأدوات اللازمة لنشاط (الطليعة -السداسي)

● يخطط بعض المشروعات لتنمية موارد (الطليعة -السداسي)

3-أمين العهدة: المسئول عن ممتلكات وأجهزة (الطليعة -السداسي) ووظيفته كالآتي:

- حصر أدوات الطليعة وتدوينها في سجل خاص
- العمل على استكمال أدوات (الطليعة -السداسي)
- المحافظة عليها وصيانتها بصورة مستمرة.

4-أمين المكتبة: المسئول عن مكتبة الطليعة بكل ما تحتويه من كتب - نشرات ...الخ ووظيفته كالآتي:

- المحافظة عليها والمداومة على صيانتها
- حصرها في سجل خاص
- تسجيل الاستعارات الخارجية
- العمل على زيادة كتب مكتبة (الطليعة -السداسي) وتنوعها.

5-مسئول العلاقات العامة: المسئول عن توسيع علاقات (الطليعة -السداسي) الداخلية والخارجية ووظيفته كالتالي:

- الاهتمام بأناقة وهندام أفراد (الطليعة -السداسي)
- الاهتمام بالحفلات واستقبال الضيوف والزائرين
- إنشاء سجل خاص بعناوين وأرقام هواتف (الطليعة -السداسي) والفرقة والقادة والجهات التي لها علاقة بـ (الطليعة -السداسي)

6-أمين السر (سكرتير الطليعة) المسئول عن:

- تسجيل محاضر الاجتماعات
- إعداد تقارير (الطليعة -السداسي)

● إعداد السجلات الخاصة بذلك والعمل على تنسيقها

● إعداد الاقتراحات والموضوعات التي ستناقش في اجتماعي (مجلس الطليعة – السداسي –مجلس الشرف)

ويجب أن يتمتع أمين السر بالاتي:

1-أن يكون منظماً

2-أن يكون خطه جميلاً

س12: ما هو اجتماع الفريق؟

هو اجتماع يعقده الفريق بأكمله ويديره عريف الطلائع (السداسي) الأكبر ويتم فيه أخذ اللعبات والصيحات الكشفية وزمنه من (45 دقيقة) حتى (ساعة ونصف) ويعقد مرة كل أسبوعين.

س13: ما هو اجتماع مجلس الشرف (الشورى)؟

اجتماع مجلس الشرف (الشورى) اجتماع يعقده عرفاء الطلائع (السداسيات) ويرأسه عريف.

(1) الرحلة

أهداف قريبة:

1- السلوكيات بصفة عامة

2- الاعتماد على النفس

3- التحمل

4- الآداب العامة: مع الغير -الطعام -الشراب -الملابس -أذكار الأحوال والمناسبات

5- معايشة المتعلمين

6- التعرف الحقيقي على الشخصية

أنواعها:

1- تجميعية ترفيهية

2- تعليمية: مصنع - مشغل - محل - ركوب المترو - الأتوبيس من أول الخط إلى آخره
- مركز الكمبيوتر....الخ

3- ثقافية: مكتبة -معرض كتاب -رحلة لطلاب العلم

4- كشفية: خلوية -صحراوية

5- بحرية: تعلم السباحة وغيرها مثل الصيد

6- دينية: مساجد -آثار دينية

البرنامج

● شعار (أو اسم) للرحلة يخدم الهدف.........................

● تكوين المجموعات وتسميتها.........................

- وسيلة المواصلات وإعداد برنامج جيد للطريق...................................

- الطعام والحديث الهادف عليه: حديث -آداب -موقف تربوي ومناقشة
  ....

- اللعب والمسابقات الرياضية وملاحظة السلوكيات وربطه بالأهداف ....

- حفلة السمر.

- المسابقة والجوائز.

- المواقف التعليمية التلقائية والمتكلفة.

- اختيار المكان الملائم للهدف.

- تقويم الرحلة (في النهاية).

(2) الرياضة

الأهداف القريبة:

(1) توظيف الطاقة عند المتعلمين من خلال اللعب والله و المباح.

(2) رفع اللياقة البدنية لدى المتعلمين.

(3) السلوكيات بصفة عامة مثل: التعاون- الصدق- الأمانة- ضبط النفس- عدم الغضب- الإيثار.. إلخ.

(4) تنمية المهارات.

(5) بث بعض المعاني الإيجابية والإسلامية التي تربطه ببطولات المسلمين الأوائل وانتصاراتهم.

(6) المعايشة والتعارف والتآلف بين المتعلمين والمدرسين.

(7) الابتكار.

(8) جذب أفراد جدد.

البرنامج:

(1) اسم اليوم (الشعار) 5%

(2) أسماء الفرق وشعار كل فريق 5%

(3) التعارف الجيد بين الفرق 10%

(4) كلمة الافتتاح والختام 10%

(5) جوائز وهدايا 10%

(6) الأدوات الرياضية المختلفة 10%

(7) المكان المناسب 15%

(8) تواجد مدرسين بدرجة كافية 15%

(9) حسن أداء الرياضة المقترحة 20%

الرياضة المقترحة:

(1) كرة قدم.

(2) كرة طائرة.

(3) كرة يد.

(4) ألعاب ترفيهية أخرى: شد الحبل – جري... إلخ.

(5) تمارين سويدي.

(6) ألعاب قوى.

(7) دفاع عن النفس.

(8) سباق دراجات.

(9) اختراق ضاحية.

(10) سباحة.

ملاحظات:

(1) يمكن أن تؤدي هذه الرياضات كفقرات في برامج الوسائل الأخرى (الرحلة- النادي الصيفي).

(2) يراعى عند إقامة الدورة الرياضية ما يلي:

● إعداد المكان مسبقًا وتخطيط الأرض.

● عمل جدول اللعب للفرق المختلفة، ونفضل نظام الدوري لإتاحة الفرصة لأكبر قدر من اللعب والاستفادة من التوجيه.

- الدعاية الجيدة.

- وجود حافز للتنافس (جوائز).

- تقسيم الفرق على الأولاد بحيث يكون كل ولد مسئولاً عن فريقه.

- تحكيم جيد من المشرفين.

- كأس البطولة.

- يقام حفل في نهاية البطولة لتوزيع الجوائز.

- يفضل إقامة الدورة في مكان مفتوح بعيدًا عن الشوارع (نادي- ملاعب الحدائق العامة- مركز شباب).

- أسماء الفرق- كلمة الافتتاح- زاد ثقافي مع الدورة.

- يفضل في أنواع الجوائز أن تكون في صورة: فانلات- كأس- أدوات رياضية.

- وضع لائحة منظمة للدورة.

(3) **يراعى عند ممارسة السباحة ما يلي:**

(1) توفير أدوات إنقاذ: حبل- عوامات- أطواق نجاة.

(2) تكون المجموعات صغيرة لا تزيد عن خمسة لكل مدرس.

(3) عدم التواجد في الأماكن الخطرة، ويراعى أن يكون المكان محدودًا خاليًا من النساء.

(4) التحلي بملابس مناسبة.

(5) التزام الآداب وتجنب عدم الاحتكاك الزائد.

(6) تحديد وقت السباحة.

(3) النادي الصيفي

الأهداف القريبة:

● تجميع التلاميذ وربطهم.

● الارتقاء بالتلاميذ في النواحي الآتية: الثقافية- الدينية- الأخلاقية- العقلية- الرياضية.

● الارتقاء بالمدرس عمليًا.

● الاتصال بالمنزل.

● استثمار وقت فراغ التلاميذ.

عناصر المشروع:

أولاً: السجلات:

(1)   سجل الحضور والغياب.

(2)   سجل قيد الأسماء والاشتراكات والميزانية.

(3)   سجل الملاحظات التربوية وحالة الأسر الاجتماعية والثقافية.

(4)   سجل يومي خاص بالمدرس لتدوين المتابعات اليومية.

(5)   سجل التوقيعات للسادة المدرسين.

ثانيًا: الهيكل:

(1)   مدير للنادي وهو مسئول عن سير العملية الإدارية والتربوية داخل النادي.

(2)   سكرتير للنادي وهو مسئول عن:

● تسجيل الأسماء.

- تحصيل الاشتراكات.

- تسليم الكرنيهات.

- تدوين الغياب.

- الإشراف على استقبال التلاميذ وانصرافهم.

- الإشراف على تسليم المكان.

- تسلم العهدة وتسليمها لمدرس التلاميذ.

- متابعة النظافة يوميًا.

(3) المدرسون وعددهم ثمانية مدرسين للمجموعات لملاحظة السلوكيات والمساعدة في سير البرنامج بالدرجة المطلوبة. ويراعى الآتي:

- الحضور مبكرًا قبل التلاميذ بما لا يقل عن نصف ساعة من بداية النادي.

- القيام بتجهيز الألعاب وتحضير النادي قبل مجيء الأطفال.

- الوقوف مع المجموعات أثناء الطابور في بداية اليوم، حتى يسهل على مسئول الطابور إدارته.

- المعايشة التامة مع الأطفال وتقويم سلوكهم.

- العمل على تحقيق الأهداف الموضوعة.

- عمل تقرير يومي عن تلاميذ المجموعات لملاحظة تقدمهم نحو الهدف.

- معرفة ميول التلميذ واتجاهاته، حتى يمكن الاستفادة منها في التوجيه والإرشاد.

- معرفة مدى تقدم التلميذ أو تأخره في شتى المجالات مثل: الحفظ- القراءة في المكتبة- الألعاب وتميزه فيها.

- التواصل مع المنزل: عن طريق كراسة المتابعة.

- عدم الانصراف من النادي إلا بعد انصراف آخر تلميذ.

- الانتظام في جلسة التقويم اليومية لعرض الإيجابيات والسلبيات لتداركها.

ثالثًا: المتعلمون:

- السن من (6: 15) سنة.

- يتم تقسيم المجموعات حسب الأعمال على أن يكون عدد المجموعات (8) في كل مجموعة من (10: 12) متعلمًا.

- يقترح توحيد زي النادي مكتوبًا عليه اسم النادي.

- إطلاق الأسماء ذات المعاني الجيدة على المجموعات.

رابعًا: الآباء:

- توزيع بيان على أولياء الأمور عن أهمية تضافر جهود المنزل مع النادي لتربية النشء (يد واحدة لا تصفق).

- عمل مسابقات لأولياء الأمور (مسابقة تربوية).

- عمل اجتماع لهم بصفة دورية.

- كراسة المتابعة لضمان المزيد من المتابعة والمشاركة داخل المنزل.

خامسًا: المجالات:

(1) الألعاب:

- كرة قدم (أطفال).

- ميزان الأعمال.

- الطريق إلى القدس.

● لعبة (وصل أربعة) (عدد 3).

● حجرة تنس الطاولة (عدد 2 منضدة).

● عدادات (3 مختلفة).

● لعبة الحاسوب (الكمبيوتر) التعليمي.

● سلة لكرة السلة.

● الطريق إلى الجنة.

● بعض الأراجيح البسيطة.

● لعبة الحبل (عدد3).

(2) المكتبة.

(3) حجرة مواهب: رسم على الزجاج- آركيت- رسم على الورق...

(4) حجرة الزراعة والاقتصاد المنزلي.

(5) حجرة هواة التصوير.

(6) اللجان المختلفة: ثقافية- رياضية- اجتماعية- مسرحية- كشفية.

(7) المحاضرات.

(8) الفيديو.

(9) مهرجان المسابقات.

(10) حفلات سمر دورية.

(11) المقصف.

(12) الرحلات المختلفة.

سادسًا: طريقة السير بالبرنامج من 8 صباحًا إلى3 مساءًا:

الحضور	الزمن	النشاط
كل المجموعات	1/ 4	طابور الصباح والوقوف مجموعات
كل المجموعات	ساعة	الإذاعة اليومية

التوزيع على المجالات كالآتي:

الحضور	الزمن	النشاط
بالتبادل	1/4	تنس طاولة- كرة سرعة- ألعاب قوى
بالتبادل	3/4 ساعة	كرة قدم (أطفال)
بالتبادل	3/4 ساعة	ألعاب ذكاء – أراجيح
بالتبادل	3/4 ساعة	مكتبة
كل المجموعات	3/4 ساعة	عمل اللجان المختلفة
كل المجموعات	1/2 ساعة	الأنشطة
كل المجموعات	3/4 ساعة	فقرة إيمانية
كل المجموعات	3/4 ساعة	السمر أو الفيديو

ملاحظة: تشغل الفقرة الإيمانية بمثل ما يلي: درس- محاضرة- مناقشة- صلاة- أذكار وآداب- مواقف تمثيلية هادفة- مسرح عرائس هادف- فيديو- قرص مدمج- كاسيت.

سابعًا: المكان:

ويراعى أن يكون ملائمًا للأعمال ويحتوي على إمكانات.

عناصر التقويم:

الوسيلة	النسبة المئوية للنجاح
السجلات	%15
الهيكل	%20
الطلاب	%5
الآباء	%5
المجالات	%40
المكان	%15

نصائح وإرشادات:

(1) قبل بدء الدراسة بشهر تقريبًا يتم الإعلان عن بداية النادي الصيفي.

(2) إعداد المدرس ورفع مستواه.

(3) يراعى تجهيز لوحات إرشادية جيدة، وكذا تزيين النادي، وعمل أصص للزرع في كل أنحاء النادي لزيادة نسبة الخضرة.

(4) يراعى تسجيل التلاميذ في اللجان المختلفة حسب ميول كل تلميذ وتكوين الفرق الرياضية.

(5) الاعتناء بالنظافة وحث الأطفال على ذلك.

(6) الاعتناء بالمكان والأدوات والمرافق الموجودة فيه. وتبني شعار (النظافة من الإيمان) وشعار (اترك المكان أفضل مما كان).

(7) الاعتناء بالمقصف، لأنه من أهم موارد الدخل للنادي للصرف على بعض اليوميات والنثريات.

(8) يوم الخميس هو يوم (مهرجان المسابقات) حيث تقام المسابقات الرياضية وغيرها بين المجموعات على هيئة دوري.

(9) الاستفادة من السطح في عملية الزراعة.

(10) عمل يوم طبي للكشف الدوري.

(11) عمل لوحة شرف للتنافس بين الطلاب.

(12) لا بد من صرف مكافأة شهرية للمدرس إذا كان في حاجة على المال لأننا نشغله في وقت عمله.

(13) الرحلة تكون شهرية على الأقل.

(14) الاعتناء بجلسة التقويم لمعرفة مدى تحقق الأهداف.

(15) عمل معرض في ختام النادي لمنتجات الأطفال.

(16) الموازنة يراعى تقديمها مسبقًا حسب الموارد المتاحة.

(17) يراعى حسن الاستقبال والسؤال عن الغائب.

(18) يراعى أن تكون حركة المتعلمين وتنقلهم من مكان إلى آخر في شكل منظم على هيئة صفوف.

(19) لا تترك المتعلم وحده وحاول ضبط سلوكه برفق.

(20) أنت معلم تربوي قبل كل شيء فعليك بالصبر.

(21) اربط دائمًا الوسيلة بالهدف الكبير.

(22) لا تجعل مشكلة تستوعبك، ولكن استفد منها وعلم التلاميذ منها.

(23) لا تنشغل بنفسك فأنت معلم ومربي، واحرص دائمًا على الانتظام في الموعد ولا تتغيب إلا لعذر قهري فأنت قدوة.

(24) احرص على التقاط الثمرة ومعرفة المتميز وصاحب الموهبة.

(25) اربط كل تصرفاتك والثواب والعقاب بالله دائمًا.

(26) حاول تطبيق الفقرة الإيمانية في واقع النادي العملي.

5- البرلمان الصغير

تعريفه: هو قيام مجموعة من التلاميذ بالمحاورة والمناقشة حول قضية أو قيمة للوصول إلى احل الأمثل، ثم الالتزام بها سلوكيًا، وذلك تحت رعاية المشرف أو رئيس للبرلمان.

أهدافه:

(1) التعبير عن الرأي بحرية تامة.

(2) احترام الرأي والرأي الآخر.

(3) التزام أدب الحوار والمناقشة.

(4) إرساء مبدأ الشورى.

(5) غرس بعض القيم من خلال الحوار والمناقشة.

(6) كشف المواهب والقدرات لدى التلاميذ.

أسس إدارة البرلمان:

(1) تحديد موضوع المناقشة.

(2) تحديد عدد التلاميذ المشاركين وأعمارهم بحيث لا يقل عددهم عن عشرة ولا يزيد عن عشرين، ويفضل تلاميذ المرحلة الإعدادية.

(3) تحديد المحاور أو المشرف على البرلمان.

(4) تحديد وتهيئة المكان بالوسائل الإيضاحية المناسبة لموضوع المحاورة.

(5) تحديد الزمن المناسب بحيث لا يقل عن ساعة ولا يزيد عن ساعة ونصف.

(6) تعيين سكرتير للبرلمان.

(7) طرح موضوع للمناقشة مسبقًا مع التلاميذ للبحث والإعداد.

(8) إفساح المجال للتلاميذ للتعبير عن رأيهم بحرية مع التوصية والإرشاد، وضبط الوقت.

موضوعات مقترحة للمناقشة:

(اختيار الصديق- كيفية استثمار الوقت- الإيجابية- العلاقة مع الوالدين- القضية الفلسطينية- التفوق الدراسي- مقومات الشخصية المسلمة- الدروس الخصوصية- الإسلام والبيئة- الصدق والأمانة- مشكلة التعليم...).

نماذج لموضوعات البرلمان:

أولاً: اختيار الصديق:

تقديم للموضوع، وذلك عن طريق طرح سؤالين:

س1: هل يستطيع الإنسان أن يعيش بمفرده؟

س2: هل يستطيع أحد الاستغناء عن الأصدقاء؟

عناصر الموضوع:

(1) أهمية اختيار الصديق.

(2) أسس اختيار الصديق.

(3) حقوق الصديق.

(4) النتائج المترتبة على اختيار الصديق.

(5) كيفية تجنب قرناء السوء.

(6) توصيات..

أولاً: أهمية اختيار الصديق:

(1) حث الإسلام على حسن اختيار الصديق.

(2) الصديق ضرورة اجتماعية لا غنى عنها.

(3) الصديق يعين صاحبه على الطاعة ويعاونه على أدائها.

(4) الصديق يعين صاحبه على نوائب الدهر.

(5) الصديق نداء الفطرة.

ثانيًا: أسس اختيار الصديق: (ما الذي تحب أن تراه في صديقك؟)

قال رسول الله (ﷺ): «لا تصاحب إلا مؤمنًا ولا يأكل طعامك إلا تقي».

(1) أن يكون مؤمنًا صالحًا.

(2) أن يكون إيجابيًا.

(3) يفضل أن يكون متكافئًا (سنيًا- عقليًا- اجتماعيًا- دراسيًا).

(4) أن يتصف بصفات المؤمنين (الشجاعة- الصدق- الأمانة- الوفاء- حب الغير- الإيثار).

ثالثًا: حقوق الصديق: (هل للصديق حق على صديقه؟)

نعم، ومنها:

(1) عدم إفشاء سره.

(2) مشاركته في مناسباته (الفرح له عند السراء والحزن عند الضراء).

(3) عدم تتبع عيوبه وعدم إفشائها.

(4) معاونته على التحلي بالأخلاق الحميدة والتخلي عن الأخلاق الذميمة.

(5) النصح له.

(6) تقديم المعونة له والمساعدة عند الحاجة.

رابعًا: النتائج المترتبة على اختيار الصديق: (فوائد اختيار الصديق الحسن وأضرار الصديق السوء).

قال رسول الله (ﷺ): «**مثل الجليس الصالح والجليس السوء كحامل المسك ونافط الكير...**».

أ) الصديق الحسن (الصالح):

(1) يعينك على التفوق الدراسي.

(2) يعينك على أداء الطاعات مثل الصلاة.

(3) يعينك على الالتزام بالأخلاق الحميدة مثل الصدق والأمانة.

(4) يعينك على استثمار الوقت.

(5) يمنعك من الوقوع في المعاصي.

ب) الصديق السوء:

(1) يكون سببًا في ارتكاب المعاصي مثل (عقوق الوالدين- ترك الصلاة- الكذب- التدخين).

(2) يكون سببًا في التخلف الدراسي وعدم استكمال التعليم.

(3) يكون سببًا في إضاعة الوقت فيما لا يفيد.

(4) يكون سببًا في ارتكاب الجرائم مثل (السرقة...).

فصول التقوية

الأهداف القريبة:

(1) رفع الجانب التعليمي وعلاج القصور عند التلاميذ.

(2) رفع المعاناة عن التلاميذ وآبائهم.

(3) التواجد مع جموع التلاميذ وآبائهم وإيجاد البديل.

(4) توصيل بعض المعاني والسلوكيات.

(5) الابتكار.

عناصر المشروع:

● السجلات 5%

● الهيكل الإداري 5%

● التلاميذ 10%

● الآباء 10%

● البرنامج 20%

● المدرسون 25%

● الدعاية 10%

● المكان الملائم والتجهيزات والأدوات 15%

السجلات:

● سجل الحضور والغياب.

● سجل قيد الأسماء والاشتراكات والميزانية.

- سجل الملاحظات التربوية وحالة الأسر الاجتماعية الثقافية.

- سجل مستوى الطلاب العلمي.

- سجل يومي خاص بالمدرس لتدوين المتابعات اليومية.

- سجل التوقيعات للسادة المدرسين والمشرفين.

الهيكل الإداري:

(1) مسئول إداري عن المشروع وهو مسئول عن:

(أ)   جميع الأعمال الإدارية.

(ب) تسجيل الأسماء.

(ج) تدوين الغياب.

(د) الإشراف على تسليم المكان.

(هـ) الإشراف على استقبال التلاميذ وانصرافهم.

(2) مسئول العهدة الخاصة بالمشروع.

(3) موجه لملاحظة السلوكيات والمساعدة في سير العملية بالدرجة المطلوبة وكذا إعطاء بعض التوجيهات قبل الدرس.

التلاميذ:

(1)   يتم تحديد المراحل مسبقًا.

(2)   يتم تقسيم المجموعات حسب السنة الدراسية ويراعى فصل البنات.

(3)   يراعى الالتزام بالحجاب.

(4)   يراعى إطلاق أسماء ذات معنى جيد على تلاميذ المرحلة الواحدة.

الآباء:

(1) يراعى الاتصال بالآباء عن طريق الاتصال الشخصي- الهاتف- كراسة المتابعة- المراسلة- بطاقات التهنئة بالمناسبات.

(2) عقد اجتماع دوري للآباء (مجلس الآباء) يتم فيه عرض الاقتراحات والمشاكل.

(3) الشهادة وخلفها الملاحظات التربوية وغيرها لمزيد من المتابعة والمشاركة داخل المنزل.

البرنامج:

● يستحب البداية من المراحل الأولى (الثالث الابتدائي) أو أقل إن أمكن، حتى يتكون رصيد من التلاميذ.

● يراعى تدريس مادة التربية الدينية ووضعها في الجدول كباقي المواد.

● ممكن تخصيص حجرة للأنشطة، وأيضًا ممارسة بعض الرياضات الخفيفة.

● ممكن عمل مكتبة وشرائط للمشروع.

● استثمار المواقف التلقائية في التوجيه.

● عمل رحلات (ترفيهية- علمية).

● توزيع الإصدارات الهادفة.

● تعليم الأذكار والآداب.

● مسابقة شفهية سريعة قبل الحصة وتقديم جوائز.

(6) دروس التقوية

لقد انتشرت في الآونة الخيرة ظاهرة الدروس الخصوصية وأصبحت أمرًا واقعًا يستوعب عددًا كبيرًا من المدرسين والتلاميذ ويبذل المدرس فيها كثيرًا من الجهد والوقت.

الهدف: بيان دور المعلم في مجال الدروس الخصوصية وكيفية إسهامه في تحقيق الأهداف مع التلميذ وبيئته، وذلك من خلال مسار حياته الطبيعي (دون تكاليف إضافية قد لا تسمح بها ظروفه).

الدور المطلوب: ويتمثل هذا الدور في السبعات الثلاثة التالية:

أولاً: في الدرس نفسه:

(1) الكفاءة والإتقان والتميز المهني.

(2) ضبط الموعد والاعتذار المسبق عند الضرورة.

(3) الحرص على وقت الحصة لتحقيق أكبر استفادة ممكنة منها.

(4) التحلي بالزهد والقناعة لتخفيف العبء عن ولي الأمر.

(5) مراعاة الآداب الإسلامية في البدء باسم الله والختم بدعاء كفارة المجلس.

(6) الحرص على تقديم الرسالة عند ضرب الأمثلة وعند إعداد الملزمة...إلخ.

(7) قطع الحصة والقيام إلى الصلاة في جماعة مع التلاميذ ولا يحتسب هذا من وقت الحصة.

ثانيًا: تقديم القدوة:

على المدرس أن يتذكر أن القدوة الخلقية والسلوكية أبلغ أثرًا من القول (عمل رجل في ألف رجل خير من قول ألف رجل لرجل) فليكن على ذكر دائم بهذا المعنى **وكل ما ذكر في البند السابق يفيد هنا** إضافة إلى ما يلي:

(1) الربانية.

(2) الوقار والحلم والأناة.

(3) النظافة وحسن الهندام.

(4) الكياسة والذوق.

(5) غض البصر.

(6) حفظ السر والوفاء بالعهد.

(7) عفة اللسان وحسن الحديث.

ثالثًا: وسائل عملية:

(1) مراعاة التربية بالموقف: فعند ملاحظة تصرف مخالف يقوم المدرس بالتوجيه.

(2) تخصيص كراسة متابعة: لتحقيق التواصل مع ولي الأمر والتعاون معه على متابعة الجانب الدراسي والسلوكي للتلميذ.

(3) توصيل الرسالة: المسموعة (شريط، أناشيد أو حكايات أو دروس) والمقروءة (الكتاب، المجلة، المطوية، البطاقة... إلخ).

(4) الدعوة إلى الصلاة والتزام البنات بالحجاب.

(5) إجراء المسابقات الثقافية وتوزيع الجوائز الهادفة.

(6) توجيه التلاميذ إلى ميادين الخير.

(7) إرسال بطاقات تهنئة ذات رسالة إلى ولي الأمر في المناسبات المختلفة.

(7) حفلات التفوق

الأهداف القريبة:

(1) جذب الطلاب المتفوقين.

(2) الاتصال بأولياء الأمور.

(3) بيان أهمية التفوق وموقف الإسلام منه.

الشكل المقترح:

- المكان: المسجد- النادي- المدرسة 10%
- جلوس التلاميذ على هيئة صفوف 5%
- توزيع بعض الحلوى أو مشروب 5%
- تحضير الشهادات التقديرية والجوائز الأخرى على أن يراعى ربط الوسيلة بالهدف (ولا مانع من خطاب أو شهادة شكر لولي الأمر) 25%

يمكن أن يكون في البرنامج ما يلي:

- كلمة للمدير العام 5%
- كلمة فرعية للمدرسين 5%
- كلمة لولي أمر على الأقل 5%
- حوار مع تلميذ متفوق 5%
- حوار مع ولي أمر تلميذ 5%
- فقرة معدة: نشيد- مشهد تمثيلي- مسرحية- مسابقة متنوعة.................. 10%
- لا تنس الدعاية البيرة للحفلة بما يحقق الأهداف العامة (ورقة مطبوعة- لوحات- دعاية صوتية) 10%
- توزيع إصدار عن التفوق على جميع الحاضرين 10%
- توجيه المتفوقين إلى الميداين المختلفة 5%

(8) متابعة العبادات

الأهداف القريبة:

(1) رفع الجانب الإيماني.

(2) التعود على مراقبة الـلـه .

(3) الوقوف على الجانب العبادي.

البنود:

(1) الصلوات الخمس (40%)

- الحديث عن أهمية صلاة الجماعة وفضلها والتذكير به ....

- تنظيم المتعلمين بالصفوف الخلفية بالمسجد ....

- ختم الصلاة الجماعي ....

- نصيحة مختصرة أو أدب من الآداب ....

- الاستماع إلى تنبيهات المدرسين ....

- متابعة المتعلمين في صلاة الجماعة ....

(2) الأذكار (15%)

- تجميع المتعلمين على هيئة حدوة فرس ....

- القراءة الجماعية ....

- العمل على تحفيظ الطلاب الأذكار ....

- توزيع الأذكار عليهم (ورقة أو كتيب) ....

- حفظ أذكار الأحوال والمناسبات (واحدة في كل مرة مع متابعة التزامه)

(3) صيام وإفطار (15%)

- تحديد موعد مسبق ....
- اشتراك أولياء الأمور ....
- الجلوس في أماكن نظيفة والمحافظة على نظافتها ....
- تقسيم المتعلمين إلى مجموعات (عشرة مع كل مدرس) ....
- التنبيه على آداب الطعام وفضل حفظ هذه الآداب ....
- التنبيه على فضل الصيام ....

(4) قيام الليل (10%)

- ركعتان أو أربع على الأكثر (بعد صلاة العشاء) ....
- لا مانع من إمامة أحد التلاميذ (جيد الحفظ والقراءة) ....
- يراعى عدم التأخر في الانصراف ....
- تذكرة ملائمة للمتعلمين ولا مانع من إلقائها من أحدهم عند القدرة على ذلك.

(5) الاهتمام بالقرآن (20%)

- التنبيه على فضل قراءة القرآن ....
- حث المتعلمين على حمل المصحف ....
- متابعة حمل المصحف وتشجيع ذلك بالجوائز ....
- الحفظ من القرآن حسب السن والاستعداد ....

(6) العلم:

- حفظ حديث من الجوامع أو الآداب أو الأخلاق أو الفضائل.
- تقديم موقف هادف من سيرة الأنبياء أو الصحابة أو الصالحين.
- تعليم فقه العبادات المؤداة.
- دراسة الرشاد.

(9) كراسة المتابعة

التعريف بالوسيلة:

هي وسيلة للتواصل بين المعلم والمنزل للتعاون على تربية التلميذ ويكتب المعلم فيها واجبات عملية ونظرية للتلميذ وكذلك ملاحظات عن سلوكه ويطلب من ولي الأمر متابعته في ذلك، وتدوين ملاحظاته واقتراحاته.

الأهداف القريبة:

(1) الاتصال بأولياء الأمور.

(2) إشراك البيت في تربية التلميذ.

(3) تحقيق الجدية في أداء الواجبات.

(4) الارتقاء بمستوى المتابعة.

العناصر:

(1) الكراسة وتصميمها 25%

(2) ولي الأمر 20%

(3) الواجب وتنوعه 30%

(4) المدرس 25%

الواجبات:

وينبغي أن تحدد حسب القيم المطلوب غرسها في التلميذ: (بر الوالدين- إقامة الصلاة- النظام- النظافة- الإيجابية- التعاون- التفوق... إلخ). ومن نماذج هذه الواجبات:

● حفظ سورة.

- حفظ حديث.

- حفظ دعاء من أذكار الأحوال والمناسبات.

- الالتزام بسنة من السنن العملية اليومية.

- اعتياد المسجد للصلاة.

- صيام التطوع (للمستطيع).

- المشاركة في عمل هادف.

- تنظيم سرير التلميذ.

- غسل الأدوات الشخصية.

- شراء احتياجات المنزل.

- رمي المهملات في سلة المهملات.

- تقبيل يد الأم والأب.

- الاعتناء بالمستوى الدراسي.

ملاحظات:

- ينبغي عرض المشكلة على ولي الأمر للتعاون في الحل.

- التنوع في الواجبات العملية والنظرية.

- بالود والحب تبلغ ما تريد.

- مراعاة آداب الاستئذان لدخول المنزل وغض البصر.

- الاتصال مقصور على الأب.

(10) يوم النشاط

الأهداف القريبة:

(1) التعاون والتآلف.

(2) استثمار وقت المتعلم.

(3) كسب المهارات.

(4) التربية على حب الآخرين وخدمتهم.

(5) الانتشار والتأثير الإيجابي.

جوانبه:

(1) دراسي: التركيز على جوانب الدراسة المدرسية.

(2) سلوكي: التركيز على السلوكيات والآداب.

(3) مهاري: تعليم مهارات مختلفة خط- رسم- نحت...

(4) إيماني: التركيز على الجوانب الإيمانية- قرآن...

أو أي موضوعات أخرى مقترحة.

الأماكن المقترحة:

(1) المدرسة.

(2) النادي.

(3) المسجد.

(4) حديقة عامة.

(5) معسكر كشفي... إلخ.

البرنامج:

(1) كلمة الافتتاح 5%

(2) عنوان اليوم 5%

(3) أسماء المجموعات 5%

(4) لوحات كرتون واستخدامها في أعمال فنية 5%

(5) النحت والرسم على ورق مقوى أو الخشب 5%

(6) المحاضرة 10%

(7) الطعام والحديث الهادف عليه (حديث- مواقف تربوية ومناقشتها).... 5%

(8) المواقف التمثيلية وربطها بالهدف 5%

(9) المواقف العملية التلقائية وربطها بالهدف 5%

(10) المسابقة (المطبوعة - المسموعة) 5%

(11) الصلوات في جماعة 5%

(12) مناقشات مختلفة حول (شخصية- موضوع- موقف معين)........ 10%

(13) الحفلة الختامية 10%

(14) الفيديو 5%

(15) اللعب 5%

(16) جدول زمني مطبوع 5%

(17) المكان ومدى ملاءمته 5%

(11) التدريب على الحروف المختلفة

استخدام المثاب (الشنيور)	البناء	النجارة
صيانة منزلية	السباكة	كهرباء

معمل   مساحة   ...إلخ

الأهداف القريبة:

(1) تعليم الأطفال حرفة معينة.

(2) حسن استثمار الوقت.

(3) التأكيد على قيم العمل -عمومًا- وتقدير العمل الحرفي خصوصًا وقيم الإنتاج والكسب الحلال والتعاون... إلخ.

(4) جذب الأطفال والتعايش معهم.

ما ينبغي مراعاته:

(1) بساطة الأسلوب.

(2) التعرف على الأدوات.

(3) التدريب العملي للأطفال.

(4) أن يقوم الطفل بتصنيع أو إصلاح شيء بنفسه.

عناصر التقويم:

(1) عمل إعلان عن تعليم حرفة ما (سباكة- نجارة- كهرباء) 20%

(2) إعداد المكان 25%

(3) الاتفاق مع معلم الحرفة 20%

(4) تجهيز أدوات التعليم 15%

(5) التدريب العملي للأطفال على الأدوات 20%

اللغة العربية وأهميتها

إن عالمية الدعوة الإسلامية وإنسانيتها تجعل من الضروري الاهتمام بتعليم وتعلم اللغة العربية للناطقين بها والناطقين بغيرها من العرب والمسلمين، فهي بالإضافة إلى أنها اللغة الأم لم يربو على مائة وستين مليونًا من المسلمين العرب، فإنها اللغة المقدسة لما يربو على ألف مليون مسلم في جميع أنحاء الأرض. حيث إنها لغة القرآن الكريم. وتلاوة القرآن وتدبر آياته أمر ضروري لكل مسلم.

والعربية -بطبيعة الحال- هي أقدر اللغات التي تعين المفكر والمتدبر على فهم آيات الله .

وجميع المسلمين يدركون هذه الحقيقة الواضحة وهي أن لآيات الله ظلالاً وإيحاءات ضاربة الجذور في أعماق اللغة العربية. ولهذا فليس بعجيب أن يخاطب الحق سبحانه رسوله (ﷺ) في شأن القرآن فيقول:

- **﴿نَزَلَ بِهِ الرُّوحُ الأَمِينُ * عَلَى قَلْبِكَ لِتَكُونَ مِنَ الْمُنذِرِينَ * بِلِسَانٍ عَرَبِيٍّ مُّبِينٍ﴾** [سورة الشعراء، الآيات: (193 – 195)].
- **﴿وَلَقَدْ ضَرَبْنَا لِلنَّاسِ فِي هَذَا الْقُرْآنِ مِن كُلِّ مَثَلٍ لَّعَلَّهُمْ يَتَذَكَّرُونَ * قُرْآناً عَرَبِياً غَيْرَ ذِي عِوَجٍ لَّعَلَّهُمْ يَتَّقُونَ﴾** [سورة الزمر، الآيات : (27- 28)].
- **﴿حم * تَنزِيلٌ مِّنَ الرَّحْمَنِ الرَّحِيمِ * كِتَابٌ فُصِّلَتْ آيَاتُهُ قُرْآناً عَرَبِياً لِّقَوْمٍ يَعْلَمُونَ﴾** [سورة فصلت، الآيات : (1- 3)].

- ﴿وَكَذَلِكَ أَوْحَيْنَا إِلَيْكَ قُرْآناً عَرَبِياً لِّتُنذِرَ أُمَّ الْقُرَى وَمَنْ حَوْلَهَا وَتُنذِرَ يَوْمَ الْجَمْعِ لاَ رَيْبَ فِيهِ فَرِيقٌ فِي الْجَنَّةِ وَفَرِيقٌ فِي السَّعِيرِ﴾ [سورة الشورى، الآية: (7)].

وعلى ذلك فإن تعلم اللغة العربية ليس مهمًا للناطقين بها فقط، بل مهم أيضًا للمسلمين الناطقين بغيرها، وذلك لأن ترتيل القرآن وقراءته وتدبر آياته والعمل بها فرض على كل مسلم:﴿**وَرَتِّلِ الْقُرْآنَ تَرْتِيلاً**﴾[المزمل: 4]، ﴿**فَاقْرَءُوا مَا تَيَسَّرَ مِنَ الْقُرْآنِ**﴾[المزمل: 20].

إن الثقافة الإسلامية هي الأسلوب الكلي لحياة المجتمع الإسلامي. فاللغة العربية لا يجب أن تعلم إلا من خلال الثقافة والحضارة التي أوجدتها وحافظت عليها. ولقد أكدت الدراسات الميدانية أن الدارس الذي لا يحترم حضارة اللغة التي يتعلمها، لن يستطيع التقدم في تعلم هذه اللغة. وهذا يعني أننا يجب أن نعلم اللغة العربية من خلال ثقافة الأمة الإسلامية وحضارتها.

طبيعة العربية وخصائصها:

اللغة العربية لغة غنية، دقيقة، شاعرة، تمتاز بالوفرة الهائلة في الصيغ، كما تدل بوحدة طريقتها في تكوين الجملة على درجة من التطور أعلى منها في اللغات السامية الأخرى[(1)]. وهي لغة متميزة من الناحية الصوتية، فقد اشتملت على جميع الأصوات التي اشتملت عليها اللغات السامية الأخرى[(2)].

وأصوات اللغة العربية تستغرق كل جهاز النطق عند الإنسان. وتخرج من مخارج مختلفة تبدأ بما بين الشفتين في نطق حروف كالباء والميم والفاء، وتنتهي

---

(1) - كارل بروكلمان: فقه اللغات السامية. ترجمة رمضان عبد التواب، مطبوعات جامعة الرياض، 1379هـ 1977م، ص29.

(2) - علي عبد الواحد وافي: فقه اللغة، القاهرة، دار نضة مصر للطبع والنشر، بدون تاريخ، ص ص 165 – 166.

بجوف الناطق في نطق حروف المد: الألف والواو والياء التي تخرج من الصدر والحلق وتنتهي إلى خارج الفم.

واللغة العربية لغة صنعت قانونها بنفسها. فالعرب أهل غناء، يحدون الإبل، ويعرفون الدف والمزمار والربابة. وقد تدرجت هذه المعرفة فإذا هم شعب يغني. وقد ساعدتهم العربية على ذلك، فإن لها جرسًا ورنينًا موسيقيًا. فإذا تكلم ذو بيان فإنك تطرب لسماعها، وتفهم بيانها، وترتاح لتبيانها. وهي بهذا الجرس والرنين منحت العربي التفوق في الأداء، غناء أو شعرًا على وزن وقافية.

وشعر الجاهليين القوي في معناه ومبناه دليل على أن العرب شعب يغني. وليست البراعة من الخليل بن أحمد أن حصر أوزان الشعر، ولكن الروعة والإبداع هو من اللغة التي منحت العربي القدرة على أن ينظم شعرًا محصورًا في هذه الأوزان. فالخليل بن أحمد لم يقنن وإنما استقرأ وفقه[1]. فاللغة الشاعرة صنعت قانونها في هذه البحور التي تعددت أوزانها وتناسقت تفاعيلها.

واللغة العربية لغة مرنة. ويظهر ذلك من طواعية الألفاظ للدلالة على المعاني. وطواعية العربية تتمثل أكثر ما تتمثل في ظاهرتي الترادف والاشتقاق بصفة خاصة، وفي قدرتها على استيعاب المولد والمعرب والدخيل بصفة عامة.

الترادف:

وإذا كان الترادف ظاهرة موجودة في كل اللغات، فإنه قد بلغ شأنًا عظيمًا في اللغة العربية، كما أنه يعد أحد مفاخرها ودليل سعتها وغناها. وقد افتخر الأصمعي بأنه يحفظ للحجر سبعين اسمًا. وافتخر ابن خالويه في مجلس سيف الدولة بأنه يعرف للسيف خمسين اسمًا[2].

---

(1) - محمد حسين زيدان: (أيهما زرياب) الشرق الأوسط، 21/ 8/ 1984م، ص13.

(2) - عبد الحميد الشلقاني: مصادر اللغة، الرياض، عمادة شؤون المكتبات بجامعة الملك سعود، 1980، ص ص: 226- 228.

ولقد وجد للترادف في اللغة العربية، من ينكر وجوده أصلاً، كما وجد من يؤيد وجوده. فابن الأعرابي ينكر وجود الترادف، ويقول -نقلاً عن ثعلب-: «كل حرفين أوقعتهما العرب على معنى واحد، في كل منهما معنى ليس في صاحبه»[1].

وابن فارس ينكر الترادف أيضًا. وهو يبرر الفروق بين الأسماء قائلاً «المائدة» لا يقال لها مائدة حتى يكون عليها طعام. و«الكأس» لا تكون كأسًا حتى يكون فيها شراب، وإلا فالأولى «خوان» والثانية «قدح» أو «كوب»[2] ولكنه لم يوضح لنا الفرق بين القدح والكوب، وغلا فهما على هذا القدر من التساوي مترادفان، وبذلك لا يستقيم أمر إنكار ابن فارس للترادف.

وقد حاول ابن فارس الدفاع عن وجهة نظره في إنكار الترادف، فقال: إن في «قعد» معنى ليس في «جلس» فالقعود يكون عن قيام، والجلوس يكون عن اضطجاع، فالجلوس ارتفاع عما هو دونه. ولكن ابن جني كان يرى هذا إيغال في التكلف. ولما ذكر ابن خالويه أنه يعرف للسيف خمسين اسمًا، قال ابن فارس: إني لا أعرف له إلا اسمًا واحدًا هو السيف. فقال ابن خالويه: وماذا تقول في المهند والصمصام والبتار؟ قال: إنها صفات.

وقد أقر ابن جني الترادف. ويفسر هذه الظاهرة على النحو التالي: فاللفظتان إما أن تكونا متساويتان في المعنى ولكن العرب قد تركوا ذلك للحاجة إليه في أوزان شعرهم وسعة تصرفهم في أقوالهم... وكلما كثرت الألفاظ للدلالة على المعنى الواحد، فإن هذا يعني أن هذه الألفاظ هي استعمالات لجماعات أو قبائل مختلفة، لكن هذه الألفاظ اجتمعت لإنسان واحد من هنا ومن هناك[3].

---

(1) - ابن الأنباري: الأضداد، 7، في المرجع السابق، ص227.

(2) - ابن فارس: فقة اللغة وسنن العرب في كلامها (المعروف بالصاحبي)، في الشلقاني، مرجع سابق، ص227.

(3) - الخصائص لابن جني، جـ2، ص310، في المرجع السابق، ص227.

وهذا الذي يراه ابن جني كان دائم الحدوث في المجتمع القبلي الذي كان ينتقل من مكان إلى مكان سعيًا وراء الماء والمراعي. فالتقاء القبائل يحقق التبادل اللغوي، وهذا هو أهم أسباب الترادف. والحقيقة أن هذه الظاهرة ما زالت موجودة حتى يومنا هذا. فهناك مسميات كثيرة يطلق عليها أسماء مختلفة في معظم الأقطار العربية، رغم التقدم في وسائل الإعلام والاتصال.

الاشتقاق:

وتتمثل مرونة العربية وطواعية ألفاظها في الدلالة على المعاني أكثر ما تتمثل في ظاهرة الاشتقاق من المصادر ومن الأفعال وبناء الكلمات الجديدة من الجذور. الأمر الذي دفع بعض المفكرين اللغويين إلى القول: «إن هذه الجذور الشتى، وما يمكن أن يطرأ عليها من تغيرات تعز على الحصر، تجعل من العربية إحدى اللغات العظمى في العالم أجمع. ومن أجل هذا فهي جديرة بأن تعلم. إنها بحق إحدى اللغات الكلاسيكية العظمى»[1].

واللغة العربية لغة إعرابية، فلها قواعدها التي تنظم الجملة، وتضبط أواخر الكلمات. والإعراب في اللغة العربية أثر من آثار استخدام الحركة في التعبير عن المعنى. فالقواعد أساس في تكوين الكلام، لأنها تحدد وظيفة كل كلمة فيه. ولا شك أن تحديد الوظيفة يساعد على تحديد الفكرة، ومن هنا أتى القول بأن الإعراب فرع المعنى، والذي يمكن أن يضاف إليه بأن المعنى أثر للإعراب، «وذلك لأنه قوام هندسة الجملة وتنظيمها»[2].

---

(1) Irving, T.B. How Hard is Arabic, Modern Language Journal, 41 (6) 1957, pp. 289-291.

في رشدي أحمد طعيمة:
الأسس المعجمية والثقافية لتعليم اللغة العربية لغير الناطقين بها، جامعة أم القرى، معهد اللغة العربية، مكة المكرمة، 1402هـ- 1982م ص18.

(2) - محمود رشدي خاطر وآخرون: مرجع سابق، ص46.

واللغة العربية لغة تتغير فيها الدلالات بتغير بنية الكلمات. فكلمة «علم» يمكن أن يكون مصدرًا، وفعلاً ماضيًا، وفعلاً مضارعًا، وأمرًا، وأن تدل على الراية، أو تضاف إلى اسم بعدها لتدل على اسم لمادة خاصة مثل: «علم الحساب».. إلى آخره، ويشتق منها أوزان جديدة، كاسم الفاعل، واسم المفعول، وصيغة المبالغة، واسم الزمان والمكان واسم التفضيل.. وهكذا... يبرز مع كل تغير جديد في الكلمة معنى جديدًا. وتعبر هذه الظاهرة عن ثراء اللغة واتساعها للتعبير عن مختلف المطالب والحاجات.

قدرة العربية على الوفاء بمتطلبات العصر:

ينبغي أن ننظر إلى اللغة العربي على أنها إحدى اللغات العظمى في العالم اليوم، فقد استوعبت التراثين العربي والإسلامي، كما استوعبت ما نقل إليها من تراث الأمم والشعوب ذات الحضارات الضاربة في القدم، كالفارسية، واليونانية، والرومانية، والمصرية... إلخ.

ولقد كان نزول القرآن الكريم باللغة العربية هو أعظم عوامل الحفاظ عليها وانتشارها «فلقد انتشرت العربية عن طريق القرآن الكريم انتشارًا واسعًا، كما لم تنتشر أية لغة أخرى من لغات العلام. فهي لكل المسلمين اللغة الوحيدة الجائزة في العبادة، ولهذا السبب تفوقت العربية تفوقًا كبيرًا على كل اللغات التي يتكلمها المسلمون»[1].

«حقًا.. إن العربية وعاء لحضارة واسعة النطاق، عميقة الأثر، ممتدة التاريخ.. لقد نقلت إلى البشرية في فترة ما أسس الحضارة وعوامل التقدم في كل العلوم الطبيعية والرياضيات والطب والفلك والموسيقى..»[2].

---

(1) - كارل بروكلمان: مرجع سابق، ص30.

(2) - رشدي أحمد طعيمة: مرجع سابق، ص ص 16-17.

ولقد اعترفت الأمم المتحدة باللغة العربية كلغة رسمية سادسة في العالم إلى جانب الإنجليزية والفرنسية والأسبانية والروسية والصينية. فهل يكافح العرب لتكون لغتهم من لغات الحضارة العلمية والتقنية المعاصرة؟

اللغة العربية بين التعبير الأدبي والتعبير العلمي:

اللغة العربية مرنة طيعة. فيها الأسلوب الأدبي الإنساني ذو الدلالة الواسعة وفيها الأسلوب العلمي ذو الدلالة المحددة الصارمة.

إن لغة المجال الأدبي الإنساني ينبغي أن تكون مرنة غامضة، مطاطية غير محددة، لأنها أداة للتعبير عن الشعور المتباين من فرد إلى آخر، ومن مكان إلى آخر، ومن مكان إلى آخر ومن شاعر إلى آخر. فللاستعمال الفردي للغة أهداف تتجاوز الدلالة الظاهرة للفظ إلى دلالته المجازية، أو الإيحائية. ولهذا فليس من الضروري أن يكون للكلمات معنى واضح، بل ربما كأن أعظم ما فيها أنها ذات غموض مقدس[1].

واللغة في هذا المجال هي التعبير الموحي عند التجربة الشعورية فهي لون من ألوان التعبير الفني المبدع عن الأفكار الكلية والمعاني الإنسانية أي أنها لغة الأدب، وهو مجموع الآثار النثرية والشعرية المتميزة بجمال الشكل أو الصياغة والمعبرة عن أفكار ذات قيمة باقية. والأدب بهذا المعنى الخاص، من الفنون الجميلة التي تبعث في النفس متعة وسرورًا كالقصيدة الرائعة، والمقالة البارعة، والقصة المؤثرة.

وربما كانت العربية في هذا المجال من اللغات التي يصعب أن تضاهيها لغات أخرى. وقد عبر عن هذا بعض المفكرين فقال: «إنني اشهد من خبرتي الذاتية، أنه ليس ثمة من بين اللغات التي أعرفها (وهي 9 لغات)، لغة تكاد تقترب من العربية سواء في طاقتها البيانية أم في قدرتها على أن تخترق مستويات الفهم والإدراك، وأن تنفذ

(1) - عبد الصبور شاهين: مرجع سابق، ص ص 12-13.

وبشكل مباشر إلى المشاعر والأحاسيس، تاركة أعمق الأثر فيها. وفي هذا الصدد فليس للعربية أن تقارن إلا بالموسيقى»[1].

أما اللغة العلمية فهي لا تعرف الغموض، ولا تعترف به سبيلاً إلى تحقيق أهدافها التعبيرية. وإذا كانت العربية قد عاشت قروناً طويلة لغة طبيعية إنسانية، بلغت قمة التعبير الأدبي، فإنها لم تقصر عن مجاراة الحاجة إلى التعبير العلمي. فقد عاشت العربية اللغة العلمية حين بدأت جهود الترجمة للعلوم المختلفة من الحضارات القديمة. كما عاشتها على يد مجموعة من العلماء المسلمين المبرزين في مختلف العلوم مثل حنين بن إسحاق (194-264هـ)، وأبو بكر الرازي (240- 320هـ)، وأبو عبد الله الخوارزمي (ت 380هـ)، وابن سيناء (370- 428هـ)[2] وغيرهم كثيرون في العصرين القديم والحديث: **وعلى أي حال فإن اللغة العلمية يجب أن تتسم بالسمات التالية:**

1- استخدام الألفاظ الحسية لا التجريدية.

2- تفضيل الجملة القصيرة دون الطويلة.

3- الاقتصار على الضروري من الألفاظ.

4- تفضيل المألوف من الألفاظ.

5- تفضيل الأفعال المتعدية.

6- عدم الإسراف في الصفات.

7- تفضيل البناء للمعلوم على البناء للمجهول.

---

(1) - Hitti, P.K., History of the Arabs, 6th Ed. London, McMillar & Co. Ltd. Pp. 90-91.

(2) - انظر إلى جهود هؤلاء العلماء وأثرهم على مسيرة المصطلح العلمي في كتاب أستاذنا الدكتور عبد الصبور شاهين: مرجع سابق...

8- عدم استخدام الألفاظ التي لها أكثر من معنى لغموض دلالاتها[1]

ولا شك أن اللغة العربية قادرة على إنتاج الأساليب العلمية والمصطلحات اللغوية التي تتسم بالسمات السابقة. ففي لغة الاشتقاق من الجذور، وتغير الدلالات بتغير بنية الكلمات، والنحت، إلى آخره.

العربية لغة كاملة:

لقد كال أعداء الإسلام والعروبة الكثير من الاتهامات للغة العربية قديمًا وحديثًا، في الخارج وفي الداخل. فقالوا إنها لغة جامدة وقاصرة عن مواكبة الحضارة، ومستحدثات العصر ومخترعاته. وشجعوا على استخدام لغاتهم الخاصة، كما شجعوا على استخدام العامية بدلاً منها. وقد بدأت الحرب ضد العربية منذ أمد بعيد، ولكنها لم تنته بعد. فهل العربية لغة جامدة، غير متطورة، أو «بدائية»؟

إن الكثير من الباحثين اللغويين يرى أنه لا توجد لغة جامدة أو قاصرة أو «بدائية» وإنما يوجد قوم «بدائيون» أو جامدون. فاللغة، أية لغة -فضلاً عن أن تكون العربية- قادرة دائمًا على التطور والنمو واستنباط المفردات والتراكيب التي تلائم الحاجات الجديدة والمخترعات الجديدة لدى أهلها. فإذا لم يكن لدى أهلها حاجة إلى اختراعات جديدة أو استعمالات جديدة، فإن اللغة تبقى كما هي، وعلى هذا فعدم نمو اللغة -أية لغة- ليس لقصور في طبيعتها أو ذاتها، وإنما لقصور وجمود أهلها.

يقول القاسمي إن هناك افتراضًا خاطئًا «بوجود لغات «متطورة» وأخرى «بدائية». ويثار هذا الادعاء كلما دار الحديث عن بعض القبائل في أفريقيا أو أمريكا اللاتينية. فبعضهم يزعمون بأنها ما زالت في المراحل الأولى من تطورها الحضاري. وإذا اتخذنا المستوى التكنولوجي مقياسًا للتطور الحضاري فمن الممكن القول إن هذه القبيلة أو تلك «بدائية» من وجهة نظر أنثروبولوجية، ولكن هذا القول لا يصدق من

(1) - المرجع السابق، ص ص 14-15.

الناحية اللغوية. لأنه إذا كان المقصود ببدائية لغة إحدى القبائل هو خلوها من المفردات الخاصة بالمخترعات الحديثة مثلاً، فإن ذلك يرجع إلى عدم تعامل القبيلة بتلك المخترعات، وبالتالي عدم حاجتها إلى ذلك النوع من المفردات. ولكن إذا استدعى تطور القبيلة الاقتصادي استيراد تلك المخترعات، فإن لغتها سرعان ما تقوم بسد الحاجة عن طريق استنباط المفردات اللازمة. فاللغة قادرة دومًا على مواكبة النمو الاجتماعي لجمهور الناطقين بها، وهذا ما يسمى بمبدأ «كمال اللغة»[1].

لقد أثبت التحليل العلمي لكثير من اللغات أن اللغة تتصف دائمًا «بالكمال».. ويعني كمال اللغة.. قدرتها على مواكبة التطور الحضاري بما تستحدثه من رموز تعبر عن كافة أوجه التطور الاقتصادي والتقني والفني والاجتماعي. ولكل لغة طرقها الخاصة في استحداث الرموز الجديدة مثل التوسع في معاني مفردات موجودة فعلاً، أو إضفاء معان جديدة على كلمات قائمة، أو اشتقاق كلمات جديدة، أو نحتها، أو ترجمة المعاني الوافدة، أو استخدام كلمات دخيلة أو غير ذلك من الوسائل الصرفية. فليس هناك مفهوم لا تستطيع أن تعبر عنه اللغة بأي من الأساليب السابقة[2].

لقد كانت اللغة العربية في ظلال العصر العثماني تعيش أشد فتراتها ضعفًا، لا لأنها ضعيفة في ذاتها وطبيعتها، بل لأن العرب ضعف شأنهم في ذلك الوقت كما ضعف شأن الدراسة والبحث والعلم في جميع المجالات. ومن يقارن بينها في ذلك الوقت وبينها الآن يجد أنها طفرت طفرة قوية مستخدمة مرونتها وخصبها على التطور مع الحفاظ على شخصيتها، واستجابة لمتطلبات أهلها.

ففي مطلع العصر الحديث قامت حركة تهدف إلى إحياء الماضي العظيم من حضارة هذه الأمة وثقافتها. كما أعلنت عن بداية بعث لغوي جديد شامل. فاشتدت العناية بالبحث اللغوي، والبحث في مسائل الاستعمال اللغوي، وصواب التعبير العربي.

---

(1) - علي محمد القاسمي: اتجاهات حديثة في تعليم العربية للناطقين باللغات الأخرى، الرياض، عمادة شؤون المكتبات، جامعة الرياض، 1399هـ 1979م، ص ص 7-8.

(2) - المرجع السابق، ص14.

وأسست المجامع العلمية في عدد من العواصم العربية كالقاهرة، ودمشق، وبغداد ويغرها. وكانت النتيجة الكثير من المعاجم اللغوية والعلمية، وإيجاد ألفاظ كثيرة مناسبة للعدد الوفير من المدلولات لا سيما في دائرة الشؤون الهندسية والآلية، والطبية، والكيميائية وغيرها مما أنشأته الحضارة الحديثة. وإذا كانت العربية قد قامت فيما مضى -كما يقول يوهان فك- رمزًا لوحدة عالم الإسلام في الثقافة والحضارة، وإذا صدقت البوادر، ولم تخطئ الدلائل، فإنها ستحتفظ بهذا المقام العتيد من حيث هي لغة الحضارة الإسلامية ما بقيت هناك حضارة إسلامية[1].

محنة العربية في الشارع العربي:

يقول الدكتور عبد الصبور شاهين: «قد يكون من الطبيعي أن تجد العربية خارج حدودها أعداء يكيدون لها، لكن المفزع حقًا أن يكون بعض هؤلاء الأعداء من بنيها، عن قصد أو عن غير قصد. ولذلك فهي تقاتل في جبهتين أقربهما أمرهما وأعصاهما، لأنها تقاتل قطعًا من نفسها (وظلم ذوي القربى أشد مرارة على النفس)، ولو كتب لها النصر في هذه المعركة فإن ما عداها يهون. ونحن نتطلع إلى اليوم الذي يتحول فيه كل العرب إلى عشاق مغرمين بلسانهم، ذائبين في حرفه، يحسنون درسه، ويجيدون نطقه، ويلزمون غرزه فلا ينطقون على أرض العرب إلا بالعربية، وعلى من أراد أن يعيش بين ظهرانيهم من الأجانب أن يتعلم لسانهم، ويعاملهم بكلامهم. عندئذ سوف يكون لهذه الأرض احترامها، وسوف تعود لها مهابتها وعزتها. ولسنًا في هذا بدعًا، فإن أمريكا -على سبيل المثال- لا تسمح بالدخول إليها إلا لمن يعرف الإنجليزية[2].

أما الآن، فإن الوضع مؤسف إلى حد الإبكاء. أقطار كاملة من أملاك العربية، لا تكاد تسمع فيها العربية على الإطلاق، فقد أسلمت قيادها للهجة أو عدة لهجات محلية

---

(1) - يوهان فك: كتاب العربية، القاهرة، مطبعة دار الكتاب العربي، 1950، ص ص 231-234، يف محمود رشدي خاطر وآخرون، مرجع سابق ص ص 51-53.

(2) - عبد الصبور شاهين: مرجع سابق، ص8.

طاغية على كل ما فيها ومن فيها، في البيت والشارع ووسائل الإعلان والإعلام. وليت الأمر يتوقف عند هذا الحد، بل إنك لتجد المعلمين في المدارس، والأساتذة في الجامعات يدرسون ويحاضرون أيضًا باللغة العامية. فإذا ما سألت أحدهم: لماذا لا تدرس باللغة العربية؟ فإذا كان عربي التخصص أبدى الندم بسبب تقصيره، ووعد بأن يحاول. وإذا كان مدرسًا لمادة غير العربية وآدابها، فربما جاء اعتذاره أقبح من الذنب وقال: وما أهمية ذلك؟ أنا لست «بتاع» عربي!!. وهنا يحس المرء -حقيقة- أن اللغة العربية ليست بحاجة إلى الاهتمام بتعليمها وممارستها في كل شيءون الحياة فقط، بل هي بحاجة إلى الحب أولاً وقبل كل شيء. فهل نستطيع أن نعلم أبناءنا حب لغتهم؟!

وهناك أقطار كاملة أخرى «من أملاك العربية تحتلها رطانات أسيوية وأوربية، تصر على أن تملأ آذان الحياة بضوضائها ولغوها.. حتى ليتذكر المرء وهو ضائع بين هذه الرطانات قول المتنبي في شعب بوان:

ولكـــن الفتـــى العـــربي فيهـــا　　　غريـــب الوجـــه واليـــد واللـــسان

وربما هان الأمر لو اقتصر على الشارع، فيقول القائل لنفسه: مالي ولهؤلاء، (لكم دينكم ولي دين) ولكن هذه الرطانات قد تسللت إلى داخل البيوت والمخادع، وتولت رعاية الأطفال وفرضت أصواتها ونبراتها ولكنتها على الأسرة العربية، وروجت أذواقها كما روجت بضائعها ومنتجاتها الحضارية، وهذا أخطر ما يواجه اللغة من أخطار تربى على بلاء الاستعمار.

أهي نقمة النعمة؟ أم هو انحلال الترف؟ أم أنها عاصفة وتمضي؟[1]. أرجو أن تكون هي الأخيرة.

إن بعضًا من أساتذة الجامعات والعلماء يصرون على التدريس والتأليف باللغات الأجنبية ويفاخرون بذلك! وفئة أخرى منهم ارتضت أن ترضع أحاديثها ومؤلفاتها

---

(1) - المرجع السابق، ص ص 8-9.

بالكلمات والمصطلحات الأجنبية. ودلالة هذا واضحة، نحن لا نحترم لغتنا، ولا نبالي بإثباتها والتأكيد عليها في كل المجالات، وهذا أول الطريق لفناء الأمم!

إننا نريد تعريب المعرفة، لا دعم التغريب وتخليده. وإذا فشلنا في تعريب العلوم وإنشاء مصطلحات جديدة تناسب الارتقاء العلمي في كل المجالات، فإن هذا يعني أمرًا واحد هو أننا متسولون في ميادين الطب والرياضيات والكيمياء والفيزياء والأحياء والصيدلة.. إلخ وسنبقى متسولين أبدًا.. إننا نملك ناصية المعرفة عندما ننقلها إلى لساننا، أما عندما ننتقل نحن إلى ألسنة الآخرين، فسنكون عالة عليهم، وسنبقى أتباعًا ضائعي الهوية، لا قيمة لنا في الأرض، ولا وزن لنا في السماء!

منهج اللغة العربية

يمكن تصور أن الهدف العام لمنهج اللغة العربية هو إقدار المتعلم على أن يكون إنسانًا عربيًا مسلمًا صالحًا قادرًا على المساهمة بإيجابية وفاعلية في عمارة الأرض وترقية الحياة على ظهرها وفق منهج اللـه .

وتأسيسًا على هذا التصور، فإن منهج اللغة العربية في مراحل التعليم العام يمكن أن يتكون من شقين متلازمين: الشق الأول هو «المحور» ويدور حول الفنون اللغوية الأساسية ومهاراتها المختلفة اللازمة لتكوين الإنسان المسلم العربي في المجتمع الإسلامي العربي والشق الثاني يدور حول الأطر الثقافية والحضارية المصاحبة لتعلم اللغة. انظر الشكل التالي:

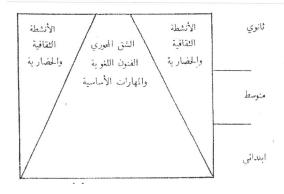

وهنا يجب أن ندرك أمرين: **الأول**، هو أن المحور أو الفنون اللغوية ومهاراتها الرئيسية يجب أن تأخذ أكبر قدر من وقت المنهج وأنشطته. وكلما ارتقى التلاميذ من المرحلة الابتدائية إلى المراحل الأعلى كلما ضاقت أنشطة المحور، واتسعت الأنشطة الثقافية والحضارية التي تعمل على إتقان المتعلم للفنون اللغوية ومهارتها الأساسية.

ويهدف تعليم اللغة من البداية إلى تمكين التلميذ من أدوات المعرفة عن طريق تزويده بالمهارات الأساسية في فنون اللغة العربية وهي الاستماع والحديث والقراءة والكتابة، ومساعدته على اكتساب عاداتها الصحيحة واتجاهاتها السلمية، والتدرج في تنمية هذه المهارات على امتداد صفوف هذه المرحلة بحيث يصل التلميذ في نهايتها إلى مستوى لغوي يمكنه من استخدام اللغة استخدامًا ناجحًا عن طريق الاستماع الجيد، والنطق الصحيح، والقراءة الواعية، والكتابة السليمة، المر الذي يساعده على أن ينهض بالعمل الذي يختاره، وعلى أن يواصل الدراسة في المرحلة التعليمية التالية.

من هنا يجب أن ندرك أن اللغة العربية ليست مادة دراسية فحسب لكنها وسيلة لدراسة المواد الأخرى، وإذا استطعنا أن نتصور شيئًا من ظواهر العزلة والانفصال بين بعض المواد الدراسية فلا يمكننا أن نتصور هذا الانفصال بين اللغة وغيرها من المواد الدراسية، أو بين فنون اللغة نفسها.

إن هذا المفهوم يؤكد على النظرة التكاملية للأنشطة العقلية والانفعالية والحركية التي لا يمكن فصلها عن بعضها البعض، فعندما يتكلم الإنسان لغة ما فإن ذلك يعد نشاطًا عقليًا وانفعاليًا لأن الإنسان يفكر فيماي قول ويضمنه إحساسه وانفعالاته. على ذلك لا تفصل التربية الرشيدة، في تعليم اللغة العربية بين عقل التلميذ وجسمه وقلبه.

إن منهج اللغة العربية ليس غاية في ذاته، وإنما هو وسيلة لتحقيق غاية وهي تعديل سلوك التلاميذ اللغوي من خلال تفاعلهم مع الخبرات والأنشطة اللغوية التي يحتويها المنهج.

أسس بناء منهج اللغة العربية:

يقوم منهج تعليم اللغة العربية على مجموعة من الأسس أهمها ما يلي:

1. يجب أن يراعي هذا المنهج التصور الإسلامي للكون والإنسان والحياة، مع الاهتمام ببيان مركز الإنسان في الكون ووظيفته في الحياة.

2. يجب أن يراعي في بنائه أيضًا طبيعة التلميذ في كل مرحلة، ومتطلبات نموه العقلي والنفسي والجسمي والاجتماعي، وكيف تسهم اللغة في عملية التنمية الشاملة المتكاملة لشخصية المتعلم وتكوين سمات الإنسان الصالح فيه، من رسوخ في العقيدة، وإيجابية في التفكير، ومهارة يف العمل والإنتاج، وشمول في النظر إلى الكون والحياة، ومرونة من أجل التغير إلى الأفضل، واستعداد لمواصلة التعلم واستمراره.

3. يجب أن يراعي هذا المنهج أيضًا منطق مادة اللغة العربية وخصائصها التي لا بد من أخذها في الاعتبار في عملية التعلم، ووظائفها التي لا بد من العمل على تحقيقها.

ومراعاة طبيعة المادة تقتضي مراعاة طبيعة الموقف اللغوي. فالموقف اللغوي إما أن يكون بين متكلم ومستمع أو بين كاتب وقارئ. وعلى هذا فأركان الاتصال اللغوي أربعة هي الاستماع والكلام والقراءة والكتابة. وطبقًا لطبيعة عملية الاتصال اللغوي هذه، فإن أهم ما يجب مراعاته هنا هو النظر إلى اللغة العربية –شأنها في ذلك شأن أية لغة أخرى- على أنها تتكون من فنون أربعة: هي الاستماع والكلام والقراءة والكتابة وأن هذه الفنون يجب أن تتكامل في عملية التدريس، لن هناك تأثيرًا وتأثرًا بينها. كما يجب البعد قدر الإمكان –خاصة في المرحلتين الابتدائية والإعدادية عن الاتجاه التقليدي في النظر إلى اللغة على أنها فروع كالقراءة والقواعد والأدب والنصوص والتعبير والإملاء... إلخ.

وانطلاقًا من نظرة التكامل هذه سوف يعتبر الأدب والنصوص لونًا خاصًا من ألوان القراءة، كما يجب أن يعتمد التعبير بنوعيه الشفوي والكتابي على الموضوعات والمواد التي درست في القراءة والأدب والنصوص... إلخ[1].

ومراعاة طبيعة المادة تقتضي أيضًا وجوب تدريس الاستماع والتحدث وتدريب المتعلم عليهما قبل القراءة والكتابة. «فالتركيز يجب أن يقع على العمل الشفهي في الفترة التي يبدأ فيها الطفل تعلم اللغة»[2]، فالحصيلة الشفوية التي يدرب عليها الطفل تكون عونًا له في كل من القراءة والكتابة.

ومراعاة الأسس السابقة تقتضي توافر ما يأتي -إذا أردنا أن نخرج برنامجًا جيدًا لتعليم فنون اللغة:

1- مدرس متفتح لعقل، مبتكر، لديه القدرة على التخطيط والتطوير وإثارة الأفكار الجديدة وطرائق التدريس الفعالة.

2- جو تعليمي جيد، مثل الحجرات الدراسية المنظمة تنظيمًا مناسبًا والمضاءة جيدًا والمعدة بالأجهزة المتحركة في مساحات واسعة.

3- توافر الكثير من الوسائل السمعية والبصرية الجذابة التي خطط لاستخدامها بطريقة فعالة، سواء كانت من إعداد المدرس أم كانت من إعداد غيره من الشركات التجارية.

4- توافر كل أنواع الكتب والمراجع والمجلات والدوريات والجرائد اليومية... إلخ، وذلك في مكتبة متخصصة لكل مرحلة، وفي كل مدرسة.

1 لمزيد من التفصيل في هذه النقطة، انظر، فتحي علي يونس، محمود كامل الناقة، علي أحمد مذكور، أساسيات تعليم اللغة العربية والتربية الدينية، القاهرة، دار الثقافة للطباعة والنشر، 1981.

2 صلاح مجاور، مرجع سابق، ص108.

5- بناء اتجاه إيجابي نحو التعلم بواسطة التلميذ. وهذا يعني بناء ثقة التلميذ في نفسه وضمان تعاونه في تخطيط وتنفيذ منهج تعليم فنون اللغة العربية.

6- إعداد منهج متكامل لتعليم فنون اللغة، منهج تتوافر الروابط والعلاقات بينه وبين المواد التعليمية الأخرى. فلا ضير إذا انتقل التلاميذ إلى فصل تعليم العلوم أو تدريس المواد الاجتماعية لاستخدام المواد الموجودة هناك في تعليم اللغة، ولتعليم التلاميذ كيف يكتبون موضوعات جيدة مستخدمين المواد الموجودة في هذه الفصول، وتعليمهم كيف يجيبون على أسئلة المناقشة، ويقومون ببعض البحوث[1].

إن دقة تدريب التلميذ على المهارات الأساسية في فنون اللغة المختلفة سوف يحدد - إلى حد كبير- مدى تقدم التلميذ في مناطق المعرفة الأخرى. وهناك اتجاه متزايد للحكم على البرنامج التعليمي كله عن طريق معرفة مدى فاعلية وتأثير برنامج تعليم الفنون اللغوية، فهل لهذا البرنامج تأثير إنساني على التلميذ؟ وهل يساعده على أن ينمو اجتماعيًا؟ وهل يزود التلميذ بالمهارات الضرورية لفهم المواد الدراسية الأخرى؟[2].. إلى آخر هذه التساؤلات التي تكشف عن مدى تأثير برنامج تعليم اللغة في تعلم المواد الدراسية الأخرى.

تقسيم اللغة إلى فروع:

يتبين للدارس لمنهج اللغة العربية في مدرسنا أنه مقسم إلى فروع هي: القراءة والأدب، والتعبير، والنحو، والإملاء، والخط.

---

(1) - Taytor, E., A New Approach to language Arts in the Elomontary School, New Yourk, Parker Publishing Company, Inc., 1970, pp. 16-17.
(2) - Ibid. p. 25.

ووجهة نظرنا أن هذا التقسيم للغة تقسيم جائر لا يراعي وحدة اللغة. فاللغة كالكائن الحي الكامل المتكامل. ونحن إذا نظرنا للغة وجدنا أنها فنون أربعة. استماع، وكلام، وقراءة، وكتابة. فالطفل يولد ويستمع، وبمضي الزمن، وعن طريق الاستماع يتكلم. وهو يستعين في قراءته وفهمه لما يقرأ بما استمع إليه وما تحدث به. وكل هذا يعينه على الكتابة الصحيحة.

فالاستماع هو الفن اللغوي الأساسي الذي يجب التدريب عليه من البداية. والكلام هو التعبير الشفوي. والقراءة تتضمن فيما تتضمن الأدب شعره ونثره، للأطفال وللكبار. والكتابة تتضمن التعبير التحريري والخط والإملاء. أما النحو فهو القاسم المشترك الأعظم بين كل هذه الفنون.

وفي المرحلة الابتدائية بصفة خاصة يجب أن تتداخل هذه الفنون، فالكلمات التي يستمع إليها التلميذ ويفهمها هي التي يمكن أن يستخدمها في حديثه. ويستعين التلميذ في فهم ما يقرأ بما استمع إليه وما استخدمه في حديثه.

وعلى هذا إذا قام المدرس بتنمية الثروة اللغوية في أي فن من هذه الفنون فإنه يسهم في تنمية الثروة اللغوية في الفنون الأخرى. أي أن هذه الفنون يجب أن تتكامل في عملية التدريس.

ولكن الملاحظ في منهج اللغة العربية بصفة عامة هو عدم الاهتمام بفني الاستماع والحديث رغم أنهما يحتويان الكثير من المهارات اللغوية الضرورية للنمو اللغوي!

أهمية التكامل في تدريس اللغة العربية:

إن اللغة العربية ليست مادة دراسية فحسب، ولكنها بالإضافة إلى ذلك وسيلة لدراسة المواد الدراسية الأخرى التي تدرس في مختلف المراحل التعليمية. وإذا استطعنا أن نتصور شيئًا من ظواهر العزلة والانفصال بين المواد الدراسية، فلا يمكننا أن نتصور هذا الانفصال بين اللغة وغيرها من المواد الدراسية، علمية كانت أو أدبية.

وإذا كانت اللغة العربية هي مادة التخصص لمدرسي اللغة العربية، فهي بالنسبة إلى سائر المدرسين مفتاح المواد التي يقومون بتدريسها، كما أنها وسيلتهم الأولى لقراءة مراجع هذه المواد وشرحها للتلاميذ وتأليف الكتب التي يدرسونها لهم.

وهناك علاقة وطيدة بين اللغة وغيرها من المواد، فقد ثبت بالتجربة أن تقدم التلاميذ في اللغة العربية يساعدهم على التقدم في كثير من المواد الأخرى التي تعتمد في تحصيلها على القراءة والفهم. فالتلميذ المتمكن من اللغة يفهم ما يقرأ بسرعة ويلم بما يقرأ في المواد الأخرى أسرع من الآخرين.

وكثير من الخطأ في إجابات التلاميذ يعود إلى عدم قدرتهم على فهم ما يقرءون، أو إلى ضعفهم في التعبير عما يعرفون.

وعلى هذا فإن كثيراً من المواد الدراسية الأخرى كالتاريخ والجغرافيا والدراسات الاجتماعية عمومًا يمكن اتخاذها مادة للدراسات اللغوية.

وعلى مدرسي اللغة العربية أن يتعرفوا على المواد الدراسية الأخرى ويختاروا من مادتها ما يصلح للدراسات اللغوية، لأن هذا يؤدي إلى تكامل المعرفة في أذهان التلاميذ ويؤدي إلى الربط بين الحقائق والمعلومات الموجودة في مواد المنهج المختلفة.

وهذه بعض الأمثلة للربط بين المواد الأخرى واللغة العربية:

الحساب:

لا يستطيع التلميذ فهم مسألة حسابية إلا بفهم لغتها ودلالات ألفاظها وعبارتها. وقد أثبتت التجارب أن التلاميذ أخفقوا في حل المسائل الكلامية لعدم فهمهم للغة التي صيغت بها هذه المسائل.

العلوم:

يمكن أن يتاح للتلاميذ في هذا المجال التدريب على الاستعمال الدقيق للمصطلحات العلمية، وهذا يساعد على الوضوح الفكري وتنمية قدرة التلميذ على الاستخدام السليم للأساليب اللغوية.

الدراسات الاجتماعية:

إن الدراسات الاجتماعية مجالات خصبة وواسعة للتدريب اللغوي. ففيها كثير من الموضوعات والمشكلات التي يمكن استغلالها لغويًا وجعلها مجالاً للتعبير الشفوي أو التحريري كما يمكن أن تصير مادة للقراءة والإملاء والخط.

الرسم والأشغال والأعمال اليدوية:

تتيح هذه المجالات للتلاميذ أن يقوموا بأنواع من النشاط تبعد إلى حد ما عن اللفظية غير أن كثيراً من طرق التدريس الجيدة ترتبط بأنواع السلوك والخبرات المختلفة وتوجد تكاملاً بينها.

وفي هذا المجال يمكن تدريب التلاميذ على التعبير عن اللوحات التي رسموها أو الأشكال التي صنعوها. كما يمكن للمدرس أن يتحدث عن فكرة معينة ثم يطلب من التلاميذ رسمها أو تجسيمها بأي شكل من أشكال التعبير الفني.

إن من الخطأ أن يقوم مدرسو المواد الأخرى بالتدريس باللغة العامية، فذلك لا يساعد على تعلم اللغة العربية. ويصبح الخطأ جسيمًا عندما يدرس مدرس اللغة العربية باللغة العامية. إن اللغة لا تعلم إلا باللغة نفسها. فهل يتصور أن يتعلم التلاميذ اللغة العربية من مدرس يتكلم أمامهم، بل ويدرس لهم باللغة العامية؟!!

إن أفضل أسلوب لعلاج الوضع القائم الآن (وهو تدريس اللغة على أنها فروع) هو أن نأخذ تدريس اللغة كفنون يرتبط كل منها بالآخر ويؤثر فيه ويتأثر به. أي أن

ندرس اللغة العربية على أنها استماع، وكلام وتحدث، وقراءة، وكتابة. وقد يكون هذا طريقًا موصلاً إلى تدريس اللغة بطريقة الوحدة.

وطبقًا لهذا المنهج سنتناول الفنون اللغوية على النحو التالي:

أولاً: الاستماع، وسوف نركز فيه على طبيعة علمية الاستماع، ووظائفه، ومهاراته، وأهداف تدريسه، ومحتواه، وطريقة تدريسه ووسائل تقويمه.

ثانيًا: الكلام أو التحدث، ونقصد به التعبير الشفوي بكل ألوانه وأساليبه. وسوف نتناول في هذا الموضوع طبيعة عملية الكلام، ووظائفه، ومهاراته، وأهداف تدريسه، ومحتواه، وطريقة تدريسه ووسائل تقويمه.

ثالثًا: القراءة، ونتناول بالإضافة إلى ما عهدناه في هذا الموضوع، الأدب والنصوص والبلاغة والنقد.

رابعًا: الكتابة، وسوف نتناول فيها التعبير التحريري، ومهارات التحرير العربي.

خامسًا: سوف نفرد للقواعد فصلاً خاصًا قائمًا بذاته وهو الفصل الأخير إن شاء اللـه .

أدب الأطفال

مفهومه:

سبق أن قلنا إن تعليم اللغة العربية في بداية المرحلة الابتدائية يتصل بتعليم الأطفال أشكالاً واسعة لا فروعًا ضيقة. فتعليم الأطفال ينبغي أن يبدأ بالمحادثة، وحكاية القصص، وإنشاد الأناشيد، ثم بعد ذلك تتجه العملية التعليمية إلى القراءة والكتابة والقواعد النحوية التي يجب أن تعلم من خلال النصوص الجميلة.

ولا يختلف أدب الأطفال في المرحلة الابتدائية عن أدب الكبار. فالأدب في كلا الحالتين هو تعبير فني هادف ينبثق عن لتصور الإسلامي للكون والإنسان والحياة. لكن أدب الأطفال ‑مع ذلك‑ يختلف عن أدب الكبار من حيث الموضوع الذي يتناوله، والفكرة التي يعالجها، والطريقة التي يتم تناوله بها. والأسلوب الذي يقدم به.

مشكلة أدب الأطفال:

وتكمن مشكلة أدب الأطفال الحقيقة عندنا، في قلة الإنتاج الأدبي للأطفال، وفي عدم الالتفات إلى هذه المسألة إلا أخيرًا. وعندما بدأ الاهتمام بقضية أدب الأطفال سارع الجميع إلى الإنتاج الغربي يترجمونه إلى العربية بما فيه من مضامين تتصادم مع البيئة العربية الإسلامية شكلاً وموضوعًا.. وكثر عدد العاملين في هذا الميدان من التجار أكثر من الأدباء!

إننا بحاجة إلى رسم منهج إسلامي لأدب الأطفال واليافعين والشباب. إن ترك هذا الميدان للأدب المترجم يعني صياغة وجدان أطفالنا وشبابنا وأذواقهم وميولهم صياغة غريبة وبعيدة عن وجدان الأمة وعقيدتها وأخلاقها ونظمها النابعة منها، وفي ذلك استلاب للعقول.. بل للأرض ومن عليها.

إن الجهود الرائدة للشهيد سيد قطب وللأستاذ أبو الحسن الندوي في الدعوة إلى أدب إسلامي متميز، وفي أصول الكتابة الأدبية الإسلامية، وما تلا ذلك من جهود

مخلصة للأستاذ علي أحمد باكثير، والأستاذ محمد قطب، والدكتور عماد الدين خليل، والدكتور نجيب الكيلاني وغيرهم.. كل هذه الجهود ما تزال -في معظمها- أطروحات عامة لم تنعكس بالقدر المطلوب في صورة نماذج أدبية، بأقلام إسلامية واعية، وعارفة بأصول الصنعة الفنية. كما أن هذه الجهود لم تؤد إلى وقف الغياب شبه الكامل لأدب الأطفال الذي أصبحت له مؤسساته ودورياته ومتخصصوه على المستوى العالمي، بينما لا يزال يتعثر عندنا، ويفتقر إلى التجارب الجادة، والنماذج الجيدة التي تستطيع أن تبلغ أشراقة الإسلام، وأن تعبر عن الشخصيات الإسلامية، والمواقف والقيم والمعايير الإسلامية التي يحتويها التصور الإسلامي للكون والإنسان والحياة.

إن معظم ما يقدم لأطفالنا من نصوص أدبية في المرحلة الابتدائية تعوذه العاطفة الصادقة، والصياغة الفنية الهادفة، وهو أقرب إلى الكلام المنظوم منه إلى التعبير الفني الجميل، لذلك فهو فقير في قدرته على تربية الإحساس بالذوق والجمال في نفوس أطفالنا ومشاعرهم.

لقد أوصت رابطة العالم الإسلامي العالمية في مؤتمرها الثاني الذي عقد بمدينة استانبول برئاسة الأستاذ أبو الحسن الندوي، بضرورة تكثيف الاهتمام بأدب الطفل المسلم، والعمل على إنتاج وطباعة مجموعات من القصص والأناشيد والمسرحيات والدراسات عن هذا الأدب. وحث الأدباء الذين حضروا هذا المؤتمر المفكرين الإسلاميين المهتمين بأدب الأطفال أن يستلهموا موضوعاتهم من كتاب الـلـه ، وسنة رسوله (ﷺ)، ومن التراجم الإسلامية، وسائر كتب التراث الإسلامي، ومع مراعاة الشروط الفنية فيما يبدعون.

وناشد أعضاء المؤتمر أصحاب المواهب الفنية والقدرات الأدبية أن يتخصص بعضهم في أدب الأطفال، وأن يهتموا بإبداع النصوص الإسلامية الجيدة التي يمكن الاستفادة منها عن طريق عرضها في وسائل الإعلام المختلفة. وفي هذا الصدد صدر ديوان «رياحين الجنة» للشاعر عمر بهاء الدين الأميري، وفي الطريق ديوان آخر للأستاذ محمود مفلح.

كما أوصى المؤتمر النقاد الإسلاميين بتقويم الإنتاج المعاصر لأدب الأطفال، سواء منه المترجم أو غير المترجم، وبيان إيجابياته وسلبياته، وتشجيع الترجمة المتبادلة بين لغات الشعوب الإسلامية في أدب الأطفال. ووضع دليل للإنتاج الإسلامي المعاصر في هذا الميدان. وإجراء المسابقات بين ألوان الإنتاج المختلفة لأدب الأطفال، ودعم المجلات الإسلامية التي تعني بهذا الأدب.

وربما كان من الاستجابات المبكرة لما دعا إليه هذا المؤتمر، الدراسة التي أشرف عليها الكاتب، وقامت بها إحدى طالبات الدراسات العليا (الماجستير) في كلية التربية بجامعة الملك سعود بالرياض، وعنوانها «تحليل محتوى أدب الأطفال في ضوء معايير الأدب في التصور الإسلامي». وقد اختارت الباحثة «القصة» من بين أدب الأطفال، باعتبارها أكثر ألوان هذا الأدب شيوعًا وتأثيرًا، كما أنها أكثر الألوان إنتاجًا وانتشارًا في معظم أقطار الأمة الإسلامية.

والهدف من هذه الدراسة تحديد المعايير الإسلامية للأدب. أي تجديد مجموعة المواصفات التي ينبغي أن يكون عليها أدب الأطفال عمومًا، والقصة منه على وجه الخصوص في التصور الإسلامي. ثم استخدام هذه المعايير في تحليل عينة ممثلة من قصص الأطفال للوقوف على جوانب القوة وجوانب الضعف فيها توطئة لتقويمها وتوجيهها الوجه السلمية.

معايير أدب الأطفال في التصور الإسلامي:

فيما يلي مجموعة من المعايير التي يمكن أن تعين في إنتاج الأدب للأطفال، وأيضًا في اختيار النصوص الأدبية المناسبة لها في الدراسة:

1- أن يعرض أدب الأطفال العقيدة الإسلامية بطريقة تحبب الأطفال فيها، وتقربهم منها، حتى يروها مصدر أمنهم وسعادتهم.

2- أن ينمي لديهم فهم التصور الإسلامي للكون والإنسان والحياة.

3- أن ينمي الأدب قيم الإخلاص في القول والعمل، والصراحة في الرأي والشجاعة في الدفاع عن الحقيقة.

4- أن ينمي الأدب في الأطفال قيم احترام الآخرين، وحسن الظن بهم، وحفظ غيبتهم.

5- أن يعين الأطفال على الصدق والاستقامة، وعلى أداء الأمانة وحفظ الكرامة.

6- أن يساهم في معرفة الطفل بمجتمعه الإسلامي ويقوي فيه روح التضامن والتعاون، والإيجابية في عمارته وترقيته.

7- أن يعين الأطفال على مواجهة المشكلات، وحلها عن طريق التفكير، والتخطيط والعمل الجاد.

8- أن يحبب الأطفال في القراءة، ويعودهم على ارتياد المكتبات، وألفة الكتاب، وصحبة المجلة والصحيفة.

9- أن يربي في الأطفال القدرة على الثبات على المبدأ السليم، والجهاد في سبيل ترسيخه.

10-أن يربي في الأطفال الرغبة في احترام الآخرين وحبهم والعمل على إسعادهم.

11-أن يعرض بألفاظ وأساليب تناسب قدرات الأطفال اللغوية، وفي إطار قاموسهم اللغوي.

12-أن تتناغم فيه المباني والمعاني الأدبية، عن طريق استخدام الألفاظ والتعابير الجميلة الموحية.

13-أن يستخدم الأسلوب المعتمد على الحركة والتجسيم والتمثيل والمحادثة والحوار، أكثر من الأسلوب الوصفي.

14-أن يتصف أسلوب أدب الأطفال بالوضوح وبساطة اللغة، من حيث المفردات والتراكيب.

15-أن تستخدم فيه الأفعال الواضحة المعبرة، والأسماء العربية المألوفة.

16-أن يتوفر فيه عنصر الإثارة والتشويق، والجدة والطرافة والخيال والحركة.

17-أن تتسم الجملة فيه بالقصر والسهولة في أداء المعنى، وتصويره بطريقة فنية موحية.

18-أن تكون الفقرات متكاملة ومترابطة في أداء المعاني الكلية والجزئية.

متى يبدأ تدريس الأدب للأطفال:

إن الأدب بنوعيه: الشعر والنثر، هو أحد مواد تذوق الجمال التي ترمي إلى تكوين الميل إلى الجمال وتقديره والتمتع به. فهو أحد مواد الفنون الجميلة، كالموسيقى والغناء، والرسم، ...إلخ.[1]

والطفل قبل دخلوه المدرسة يسمع أنواعًا من الإنتاج اللغوي، مما يطلق عليه أدب بالمعنى الخاص. فهو يستمع بشغف إلى القصة الجميلة تسردها له أمه أو جدته. وهو يطرب لأغنية تغنيها له أمه، أو يسمعها من المذياع. وهو في سنواته الأولى يطرب للموسيقى ويتمايل معها، ويطرب لنغم الشعر وموسيقاه وإيقاعه ويتمايل معه ويردده جريًا على سجيته من غير تكلف، ويشعر بالسعادة والاسترخاء ويسلم نفسه للنعاس بينما تحكي له أمه الحكاية أو تقص عليه قصة قبل النوم.

وهذه الأمثلة كلها تشير إلى أن الطفل يستجيب للأدب ويحس بجماله قبل أن يدخل المدرسة، وأن الأدب لا يجب تأخيره إلى أن يدخل الطفل المدرسة، بل يجب البدء في تقديمه للطفل في السن التي يستجيب فيها الطفل لما يسمعه من أدب الغناء، وأدب

(1) - See, Flood., I; & Lapp. D. Language/ Reading Instruction For the Young Child. N. Y., Machmillan Publishing Company. 1981. pp. 201-225.

القصة، سواء أكانت هذه الاستجابة نتيجة لفهمه المعني، أم طربًا لموسيقى الإيقاع وحده.

ولهذا فنحن «نرى أن أدب الطفولة ذو شأن عظيم في التربية، وأن من الخطأ تقليل العناية به أو إهماله، وأن دراسة هذا الأدب يجب أن تبدأ بما يتذوقه الطفل قبل دخوله المدرسة»[1].

لقد زرت بعض دور الحضانة في لندن وشاهدت المدرسة وهي تجلس على كرسي صغير منخفض والأطفال ملتفون حولها وهي تحكي لهم حكاية وهم يصغون إلى كلماتها وحركاتها ونغمة صوتها كأن على رؤوسهم الطير. وكلما انتهت قصة طلبوا منها حكاية قصة أخرى أو حكاية نفس القصة السابقة من أجل مزيد من المتعة والسرور.

ولقد شاهدت منظرًا آخر لأطفال وقفوا وقفة خاصة وهم يشدون بأغنية أو يرددون نشيدًا بإيقاع موسيقي جميل، وهم سعداء فرحين يبدو على وجههم البشر والسعادة. لقد كان الأطفال يحبون المدرسة ويكرهون عطلات نهاية الأسبوع!

فما مصدر هذه المتعة وهذا الفرح؟ إنه الأدب القصصي والأدب الغنائي، ولكنه يدرس بالطريقة التقليدية؛ وهي أن يجلس التلاميذ مكتوفي الأيدي وتقف المدرسة -أو المدرس- أمامهم تقرأ القطعة وتناقش معانيها وتسأل التلاميذ فيها واحدًا بعد واحد، وتجعل القطعة الأدبي درس لغة مملاً كريهًا!

للأطفال آدابًا يتمتعون بها ويسعدون، وهي إذا اختيرت بعناية ؟؟؟ عرضها عليهم، أو اشتركوا في تمثيلها أو غنائها كانت عاملاً قويًا من عوامل تربيتهم وتثقيفهم وتهذيب أخلاقهم، وترقية وجدانهم، واتساع دائرة خيالهم ومتعتهم.

---

(1) - عبد العزيز عبد المجيد: مرجع سابق، ص291.

فعلى المدرسة أو المدرس إذن اختيار ما يناسب الأطفال من قصص لسردها عليهم أو لقراءة الأطفال إياها إذا استطاعوا ذلك.

ومما يؤسف له أن اللغة العربية ظلت حتى عهد قريب خالية من أدب القصة الصالحة للأطفال. ولكن بعض المربين والكتاب اتجهوا أخيراً إلى الإنتاج في هذا الميدان. وبعض التجار كذلك!

أهداف تدريس أدب الأطفال:

قلنا إن الأدب بمعناه الخاص هو «الفكرة الجميلة في العبارة الجميلة» وهو بهذا المعنى الخاص من الفنون الجميلة التي تبعث في نفس القراء أو المستمع متعة وسرورًا بقدر ما فيه من جمال وما عند القارئ أو المستمع من حساسة فنية. **ومن أهم أهداف تدريس الأدب للأطفال ما يأتي:**

1- تنمية ملكة التخيل:

إن كل الأطفال يمتلكون القدرة على التخيل، ولون أن قوى التخيل عندهم تختلف من طفل إلى آخر. ومن خلال دراسة الأدب يستطيع الطفل الذي لديه قدرة كبيرة على التخيل أن ينمي ويقوي هذه القدرة. كما يستطيع أن ينمي قدرته في التعاطف مع الآخرين. وعلى هذا فمدرس الأدب يستطيع أن يساعد الطفل على تنمية وتوسيع قدرته على التخيل.

2- توسيع المدارك والقدرة على حل المشكلات:

يستطيع الأطفال الذين يمتلكون قدرة أكبر ورغبة أعمق في دراسة الأدب توسيع مداركهم للحياة وتقدير الآخرين الذين يعيشون فيها. كما أنهم يستفيدون من خبرات الآخرين وقدرتهم على حل المشكلات. فالقراءة عن هؤلاء الذين كانت لديهم مشاكل مماثلة للمشاكل الموجودة لدى الطفل قد تساعد على حل مشكلاته، وتقدره على مواجهة المشكلات بعقل متفتح وذهن متوقد.

2- السيطرة على فنون التعبير الرئيسية:

للأطفال في كل مجتمع الحق في الإطلاع على الإنتاج الأدبي الموجود في ثقافتهم باطلاع الطفل على مقدار مناسب من الإنتاج الأدبي القيم من الشعر والنثر تتسع ثروته اللغوية ويكتسب قدرة على تفهم المواقف الأدبية، وما تستلزمه من فنون التعبير المختلفة، وقد يصبح هذا أسلوبًا خاصًا تتميز به كتابته نثرًا كان أم شعرًا.

4- تذوق الأدب والتمتع بما فيه من جمال:

إن التمتع بما في الأدب من جمال وموسيقى هدف هام، فللأسلوب الأدبي جمال خاص يحسه حتى من لم يفهم أسبابه. كما أن للشعر ميزة فنية أخرى هي الموسيقى الجارية بين أبياته والتي نحس تأثيرها يفعل فعله في نفوسنا. ولا يقتصر جمال الأدب وجاذبيته على جمال الأسلوب وإيقاع الموسيقى، بل ما يثيره فينا من أحاسيس ومشاعر سامية. وقد يترك في وجداننا صورًا جميلة تدفعنا إلى الاقتداء بها في أسلوبنا وفي عملنا.

5- ترقية الأذواق وتهذيب الطباع:

الأدب يؤدي إلى ترقية أذواق الأطفال وتهذيب طباعهم، لما يتركه في أذهانهم من صور جميلة وخيالات راقية. وعلى هذا فالأدب الجيد معرض فني تشبع صوره الميول الفنية لدى الأطفال، وتذكي حاسة تقدير الجمال في نفوسهم، كما أن موسيقاه تطربهم وتنعش نفوسهم وتجعلهم يستقبلون الحياة بنفس راضية متفائلة، وحب لصانع الحياة واصنع الجمال فيها.

6- تزويدهم بالمعارف والخبرات:

دراسة الأدب للأطفال تزودهم بالمعارف والخبرات للاستعانة بها في حياتهم كما أن هذه الدراسة أيضًا توقفهم على أنماط السلوك المختلفة، وحياة المجتمع في ماضيه وما سادها من نظم اجتماعية وسياسية واقتصادية، وتربوية... إلخ.

ألوان أدب الأطفال:

ومن أنواع الدب التي يجب أن تدرس للأطفال ما يأتي:

1- القصص والحكايات والنوادر.

2- الأناشيد والمحفوظات.

3- المسرحيات.

القصص

ميل الأطفال إلى القصص:

يميل الطفل إلى سماع القصص والحكايات بمجرد فهمه للغة، وقدرته على التعامل اللغوي مع الكبار. والطفل شغوف بتتبع حوادث القصة وتخيل شخصياتها، ومحاكاتها، ومعرفة ما يصدر عن كل شخصية، وخاصة تلك التي يعجب بها في القصة، وعلاقة الشخصيات بعضها ببعض، والنهاية التي تؤول إليها القصة بكل شخصياتها.

والسر في هذا الميل القوي للقصة، أن حب الاطلاع من الأمور القوية في الطبائع البشرية. والقصة تحمل إلى الطفل معاني وصورًا جديدة من الحياة والحوادث لا يجدها في بيئته، ولذلك فهي مصدر من مصادر إشباع رغبته في المعرفة. ولأن شخصيات القصة متحركة -عادة- وناطقة، ومعبرة عن وجودها بأساليب مختلفة من القول والعمل، فهي لذلك تثير خياله المتحفز الكشف عن أشياء غير التي ألفها.

والقصة لون أدبي يستهويه الصغار والكبار على السواء، فالطفل ينصت باهتمام، لأفراد أسرته حينما يقصون عليه قصة، بل إنه في كثير من الأحيان يطلب صراحة ويلح في الطلب من القادرين على الحكاية أن يمتعوه ببعض ما عندهم[1]. وكثيرًا ما نرى الكبار والصغار يلتفون حول التلفاز أو الراد للاستماع أو مشاهدة الأفلام

(1) - حسين سليمان قورة، تعليم اللغة العربية، دراسة تحليلية ومواقف تطبيقية، الطبعة الثانية، القاهرة، دار المعارف بمصر، 1972.

والمسلسلات. وإن دل هذا على شيء فإنما يدل على شغف الصغار وحبهم الشديد للقصة أيًّا كان نوعها، مقروءة أو مسموعة أو مشاهدة.

والطفل يجد في القصة متعة وتسلية بعيدة عن دنيا الواقع، واستغراق في عالم الخيال. كما أنه يجد فيها مجالاً للمشاركة الوجدانية فيفرح مع شخصيات القصة الفرحة، ويحزن مع الشخصيات الحزينة، ويعيش في الخيال حياة اجتماعية يتبادل مع أفرادها مشاعرهم أيًّا كان نوعها.

والقصة أحب ألوان الأدب بالنسبة لتلاميذ المراحل التعليمية جميعها، ولذلك فهي تعد عاملاً تربويًا في تعليم اللغة. فهي تزود التلاميذ بالكثير من الحقائق والمعلومات والقيم والاتجاهات. أي أن القصة تفتح أمام الأطفال أبواب الثقافة العامة أينما كانت. فأكثر القصص الرائعة تخاطب قلوب الأطفال وتشبع خيالهم. كما أنها تمدهم بالمعلومات الضرورية لحل كثير من المشكلات.

فعن طريق القصة يتم تعليم الطفل الكثير من المعارف وآداب السلوك وخصائص الأشياء وقوانين الله في الطبيعة، والحيل والمهارات المختلفة في المواقف المختلفة التي يمكن أن يستعين بها للنجاة من الأخطار والمآزق التي قد يتعرض لها.

وتعد القصة عاملاً مساعدًا في تكوين الشخصية، فالقصة فيها فكرة ومغزى وخيال، وأسلوب، وتركيبات لغوية، ولكل هذا أثره في تكوين شخصية الطفل. ولكن هذا يعني. من جهة أخرى، أهمية الدقة في اختيار ألوان القصص التي تناسب الأطفال في كل مرحلة من مراحل نموهم.

والقصة وسيلة من وسائل التهذيب النفسي والخلقي، والطفل، والكبير الذي يقرأ قصص الأبطال والعظماء والمصلحين والمجاهدين ومن أسدوا للإنسانية خيرًا، يشعر بميل نحو هذه الشخصيات، وتقديرها وإجلالها، ويتخذ منها مثلاً يحاول أن يحاكيه. ومن ثم فهو يحاول تعديل سلوكه بطريقة غير مباشرة. فالتلميذ حينما يقرأ قصة

ويعايش أحداثها ويشارك شخصياتها فيما تقوم به، فإنها تستميل عواطفه وتؤثر عليه بطريقة لا شعورية[1].

ومن هذا المنطلق استغلت القصة كعنصر تعليمي وكأداة للتغلب على مشكلات المجتمع، ويمكن رؤية ذلك بوضوح في القصص التي يكتبها ذوو القدرة والمهارة في كتابة القصة، ومن أروع أمثلة هؤلاء نجيب محفوظ، ويوسف السباعي، ومحمد عبد الحليم عبد الله وغيرهم ممن التزموا بمعالجة القضايا الاجتماعية المعاصرة، فهم يؤمنون بأن هناك عنصرًا تعليميًا في القصة، وأن المشكلات الاجتماعية إذا عولجت بطريقة قصصية كان لها فعل السحر في نفوس القراء، فهي تربي فيهم الحماس للجهاد، وتبث فيهم الرغبة للخلاص من هذه المشكلات.

وفي مرحلة ما قبل المدرسة الابتدائية لا يستطيع الطفل أن يقرأ، ولكنه مع ذلك يستطيع فهم القصة عن طريق الاستماع. ولهذا كان واجب الأم أن تسرد لى طفلها من القصص ما يناسبه. وبعد أن يدخل الطفل المدرسة يظل فترة من الزمن غير قادر على الاعتماد على نفسه في القراءة، وهنا تظهر أيضًا حاجته إلى الاعتماد على المدرس أو المدرسة في سرد القصص والنوادر له.

وسرد القصص وحكاية النوادر فن جميل، إذا أجيد كان مصدر متعة ولذة للسامعين. فهو يعتمد على حسن الإلقاء وتنغيم الصوت بما يتناسب مع الأحداث والحركات. نستطيع رؤية هذا بوضوح عندما نشاهد الأطفال ينصتون إلى المذياع أو يشاهدون التلفاز في الريف أو في المدينة[2].

(1) - عبد العزيز عبد المجيد، اللغة العربية، أصولها النفسية وطرق تدريسها، مرجع سابق، ص134.
(2) - انظر: عبد العزيز عبد المجيد، القصة في التربية، أصولها النفسية، تطورها، مادتها وطريقة تدريسها، الطبعة الثانية، القاهرة، دار المعارف بمصر، بدون تاريخ، ص 34 وما بعدها.

وخلاصة ما سبق أن هناك ميلاً طبيعيًا لدى الأطفال نحو القصص والحكايات ويمكن استغلال ذلك في تحقيق ما يأتي من الأهداف التربوية:

1- تزويد الأطفال بالجوانب المناسبة من تصور الإسلام للكون والإنسان والحياة.

2- تزويدهم بالمعلومات والحقائق، وتوسيع دائرة ثقافتهم، وغرس القيم والمبادئ التربوية السلمية فيهم.

3- تنمية الثروة اللفظية والفكرية، وتطوير ملكاتهم التبعيرية.

4- إتاحة الفرصة أمام التلاميذ للتعرف على بعض المشكلات الاجتماعية ومعرفة كيفية التعامل معها وحلها.

5- تنمية الفكر الإبداعي والابتكاري لدى من عندهم ميل واستعداد للإبداع الفني والابتكار وصياغة الأفكار والقيم العظيمة في أساليب فكرية وفنية رفيعة.

6- بناء شخصية تتمتع بالقدرة على التخيل واستقراء النتائج التي يمكن أن تترتب على اتخاذ قرار معين.

7- تربية الحاسة الذوقية لدى التلاميذ مما يجعلهم قادرين على الاستمتاع بشتى مظاهر الجمال في الكون والطبيعة وبالتالي يكونون قادرين على تقدير خالق الكون والطبيعة ومبدعهما.

أنواع القصص الملائمة في هذه المرحلة

إن القصة الملائمة في هذه المرحلة هي القصة التي تتفق وطبيعة نمو التلاميذ في مرحلة الطفولة المتأخرة وهي المرحلة التي تبدأ في سن السادسة تقريبًا وتنتهي في سن الحادية عشرة. وقد يكون مهمًا هنا أن نذكر أطوار النمو ومطالبها التي يجب أن تراعى عند اختيار القصة للأهداف. **وهذه الأطوال كالتالي:**

1- الطور الواقعي المحدود بالبيئة:

وهو من الثالثة إلى الخامسة تقريبًا. وفي هذا الطور يستطيع الطفل أن يمشي ويجري وأن يستخدم حواسه، وعضلاته في اختبار البيئة المحدودة المحيطة به في المنزل والمدرسة والشارع والحديثة، وهو يرى حوله حيوانات تتحرك ونباتات لها خصائص مميزة، وهو يتصل بأقاربه وأفراد أسرته ويشعر بعلاقاتهم، وهو يختلط بالأطفال من سنه، وممن هم أكبر منه قليلاً فهو إذن في هذا الطور مشغول بكشف البيئة الواقعية والتعرف عليها.

ومن أجل هذا كان أنسب القصص لأطفال هذه المرحلة، ما احتوى على شخصيات مألوفة، وحيوانات يعرفها الطفل ونباتات رآها. وهو يريد أن يعرف وأن يستزيد من معرفة كل هذه الأشياء ذات الألوان البراقة والحيل الذكية، كالدجاجة الحمراء والثعلب المكار، والبطة التي تعلم أولادها السباحة... إلخ. والطفل في هذا الطور يميل إلى الإيهام، فهو يرى بعض الأشياء أفرادًا يتكلمون، والعصا حصانًا يركبه. ولذلك فهو يميل إلى هذا الإيهام في القصص الذي يجعل خياله ينمو بسرعة.

2- طور الخيال الحر:

ويمتد من الخامسة إلى الثامنة تقريبًا. وفي هذا الطور يكون الطفل قد قطع شوطًا لا بأس به في التعرف على البيئة المحيطة به، وعرف أن الكلب ينبح ويعض أحيانًا، وأن الحمامة تبيض وتفرخ، وأن البقرة تدر اللبن، وأن الفأر يقرض الملابس. والطفل لا يقنع بمعرفة بعض هذه الظواهر، بل هو في هذه المرحلة متعطش إلى معرفة أشياء أخرى وراء هذه الظواهر الواقعية، شيء غريب عنه. لذلك تجد خياله يجنح إلى حواديت الحور، والغيلان، والأقزام، والحصان الطائر، والعلبة المسحورة، والعماليق، ولقصص السندباد والرخ، والخاتم السحري. وغيرها من القصص ذات الشخصيات الغريبة، والأطفال في أول الأمر تنتابهم الحيرة عما إذا كانت هذه القصص حقيقية أم لا، ولهذا يجب أن يكون الجواب أنها مجرد قصص وحكايات.

3- طور المغامرة والبطولة:

ويمتد من الثامنة أو التاسعة إلى الثانية عشرة وما بعدها. وفي هذا الطور يظهر ميل الصبي إلى الحقائق مرة أخرى. وتقوى عنده دوافع التنافس والسيطرة، ويظهر هذا في سلوكه عندما يتسلق الأشجار ويكون فريقًا من زملائه للتنافس في الألعاب. ولهذا يميل أطفال هذه المرحلة إلى قصص المخاطرة والشجاعة كقصص الكشف والمغامرات والقصص «البوليسية» وهنا يجب أن تختار من القصص ما له مغزى سليم لا طيش فيه ولا تهور. وفي الأدب العربي والأدب العالمي: كثير من القصص المفيدة في هذا الطور، كقصة هجرة الرسول صلى الله عليه وسلم إلى المدينة، وقصة صلاح الدين الأيوبي، وقصة ربعي بن عامر، وقصة السيدة خديجة، وقصة امرأة فرعون.. وغير ذلك كثير في التاريخ الإسلامي.

4- طور الغرام:

ويبدأ من الثانية عشرة أو الثالثة عشرة، وقد يبدأ عند البنات قبل ذلك بقليل. وفي هذه المرحلة تبدو الغريزة الجنسية وما يتبعها من تغيير في سلوك المراهق وعلاقته بالناس، وفيها يهتم المراهق أو المراهقة بالدراسات الخاصة بالكون والحياة، والإنسان من حيث مركزه في الكون ووظيفته في الحياة، كما يهتم بالمشاكل الفردية والاجتماعية. لذلك يميل إلى القصص التي تتعرض إلى هذه الميول، لا سيما قصص الغرام. وعلى هذا فمهمة واضع المنهج والمدرس أن يختار من قصص الغرام ما هو شريف في وسيلته وغايته، وما يمكن أن يسمو بهذه العاطفة الإنسانية. ويستمر غرام المراهقين في هذا الطور بقصص البطولة والجهاد. كما يميلون إلى القصص التي تحقق لهم رغباتهم، وتلبي حاجاتهم كقصص القيادة والمشروعات الناجحة.. إلخ.

5- طور المثل العليا والمشاكل الاجتماعية العامة:

وتبدأ هذه المرحلة من الثامنة أو التاسعة عشرة تقريبًا، وهذا يتوقف على نضج الأفراد وثقافتهم وتربيتهم. وفي هذه

المرحلة من حياة الفرد نجده يعنى بالقصص التي تعالج المشكلات الاجتماعية علاجًا ينتهي بانتصار الفضيلة والحق. وفي هذه المرحلة تستمر ميول الفرد الغرامية السابقة. وفي هذا الطور أيضًا تتنوع الميول لدرجة تجعل من الصعب تحديد نوع خاص للقراء والمستمعين. وعلى العموم فإن الفرد في هذا الطور يستطيع أن يعتمد على نفسه وأن يختار من القصص ما يتلائم مع ميوله وحاجاته[1]

وبناء على ما سبق فإن على المربي أن يراعي عند اختياره القصة التي يقرؤها التلميذ أو يستمع غليها أن يسأل نفسه: في أي الأطوار السابقة هذا التلميذ؟ وما نوع القصة الملائمة لهذا الطور أو المرحلة. وعلى كاتب قصص الأطفال أن يراعي لمن يكتب والطور الذي يمر به الأطفال الذين يكتب القصة من أجلهم من حيث مستواهم الفكري، وما يهتمون به من موضوعات القصة، وأسلوب الكتابة لهم، والألفاظ التي يجب أن يستخدمها. وهنا يجب أن تكتب القصة بلغة الأطفال، أي بالصحيح الشائع على ألسنتهم، كما يجب ألا تكون القصة معقدة بحيث يستعصي على الطفل فهمها.

يجب أيضًا أن تتدرج لغة القصة وموضوعاتها فكرًا وحجمًا من صف إلى آخر. كما يجب أن تكون القصة من النوع الذي يساعد على التفكير والتخيل بما فيها من مواقف تستثير التلميذ كي يبحث عن حل لمشكلة القصة أو يختار نهاية لها.

كما يجب أن يراعي في عرض القصة، وضوح الفكرة وسلامتها، إلى جانب جاذبية العرض ودقة الاستخدام اللغوي. وأن يتجنب لغة الوعظ والخطابة. وأن تشمل على الحوار القصير، لأنه مثير ومشوق للتلاميذ. كما أن كاتب القصة يجب أن يبتعد عن السرد والتعقيب في نهاية كل موقف مما قد تستغني عنه القصة. كما أن القصة المختارة للدراسة يجب أن يتضح فيها معاني المفردات الغريبة على التلاميذ وليكن ذلك في الهامش مثلاً. كما أن قصص الأطفال يجب أن تخلو من المحسنات البديعية الكثيرة والأساليب المجازية المبالغ فيها، لأنها تحتاج إلى جهد كبير في الفهم مما قد يصرف الأطفال عن قراءتها.

---

(1) - انظر: عبد العزيز عبد المجيد، اللغة العربية، أصولها النفسية وطرق تدريسها، مرجع سابق، ص ص 241-243.

أسس اختيار القصص الملائمة

من أهم الأسس التي يجب أن تراعى عند اختيار القصة المناسبة للأطفال في سن معينة ثلاثة:

1- الأسلوب:

إن الأسلوب هو الوعاء الذي يحمل الفكرة. وكلما كانت عبارة الكاتب سهلة ومتسقة مع الأفكار وتسلسل الحوادث كلما كانت القصة جيدة. أما إذا كان الأسلوب صعبًا فإن السامع أو القارئ يفقد الرغبة في تتبع الحوادث، وبذلك تضيع المتعة والفائدة. لذلك فإن من الواجب أن يسرد المدرس القصة بأسلوب مفهوم، أقرب ما يكون إلى اللغة العربية الفصيحة من غير أن يفوت على السامع تتبع أحداث القصة. أما الكلمات الجديدة الواردة في القصة فيمكن معرفة معناها من خلال السياق. ولا بأس من أن يعرب المعلم أواخر بعض الكلمات بالتدريج متمشيًا مع نمو الأطفال. فالخير للأطفال أن يستمعوا إلى الكلمات مشكولة الأواخر من أن يستمعوا إليها ساكنة الأواخر. لأن في الإعراب تدريبًا على الاستماع إلى النطق الصحيح.

2- الموضوع:

إن القصة الجيدة التي أحسن اختيارها، هي القصة التي يتلاءم موضوعها مع اهتمامات التلاميذ في المرحلة التي يمرون بها. فالقصص ذات الموضوعات البسيطة الساذجة المرتبطة بالبيئة والتي تفيد الأطفال في سن الثالثة أو الرابعة، لا تنفع الأطفال في سن العاشرة أو الحادية عشرة عندما يكونون في مرحلة الاهتمام بالمغامرات والقصص التي تمثل الشجاعة والبطولة.. وهكذا والعكس صحيح تمامًا.

3- طريقة العرض:

من الأسس الهامة التي يجب مراعاتها عند اختيار القصة للتلاميذ أن يكون عرضها للفكرة جيدًا. والعرض الجيد للقصة هو العرض الذي يراعي ما يأتي بالترتيب:

أ- المقدمة:

تعد المقدمة بمثابة التمهيد للقصة، بحيث تكون حافزًا للقارئ للاستمرار في القراءة ومعرفة تفاصيل القصة. وفي المقدمة يبين الكاتب الفكرة العامة التي يتناولها في قصته. ولكن ينبغي عدم المبالغة في المقدمة أو إطالتها وإلا أدت إلى عكس المطلوب منها، فالمقدمة الطويلة تؤدي إلى ملل القارئ. كما أن الإيجاز الشديد قد يؤدي إلى عدم الإفادة من المقدمة. فالمقدمة -إذن- يجب أن تكون وسطًا بين الإطناب والإيجاز بحيث تعطي القارئ أو المستمع الخيط والنسيج العام لما تحمله من أفكار وأحداث.

ب- الموضوع:

وموضوع القصة هو الحقائق والأفكار والاتجاهات والقيم والمبادئ التي يريد الكاتب تأكيدها من خلال أحداث القصة. وعلى ذلك لا يمكن معرفة أفكار القصة وموضوعها إلا من خلال قراءتها[1].

وموضوع القصة جزء أساسي في بنائها الفني، فالكاتب يقدم قصة حينما يقدم فكرة، والقصة إنما تؤلف لتقول شيئًا، أو لتقرر فكرة. وعلى هذا فالفكرة أو الموضوع هو الأساس الذي يقوم عليه البناء الفني للقصة. أي أن الموضوع في القصة هو العمود الفقري لها[2].

---

(1) - انظر محمود الشنيطي وآخرون: كتب الأطفال في مصر منذ عام 1928 حتى عام 1978، دراسة استطلاعية، أعدت لمنظمة اليونيسيف، القاهرة، أعدت لمنظمة اليونيسيف، القاهرة، 1979، ص138.

(2) - عز الدين إسماعيل: الأدب وفنون، الطبعة الثانية، القاهرة، دار الفكر العربي، 1958، ص169.

إن عناصر القصة كلها من مقدمة وشخصيات، ومشكلة وعقدة وحل.. وغير ذلك من أحداث يجب أن تكون في مقدمة الفكرة أو الموضوع الذي من أجله كتبت القصة. وعلى هذا فقد ينجح الكاتب في رسم شخصيات القصة، كما قد تب؟؟ الشخصية في أداء دورها، ومع ذلك يبقى الحدث ناقصًا لعدم وجود الفكرة أو الموضوع في ذهن الكاتب.

والعمل الأدبي كل متكامل، فإذا كان الأسلوب جزءًا رئيسيًا من هذا العمل، فليس معنى هذا أن يكون الاهتمام بالأسلوب على حساب موضوع العمل الأدبي نفسه وفكرته الرئيسية، بل لا بد من تكامل الأسلوب والفكرة في تكوين العمل الأدبي المتكامل.

جـ- الشخصيات:

والشخصية في القصة هي صانعة الأحداث وهي محور الأفكار ولذلك فهي عنصر أساسي في القصة. وليس المقصود بالشخصيات هنا الإنسان فقط وإنما كل الكائنات التي يحركها الكاتب ويصنع الحدث عن طريقها، وعلى هذا فقد تكون كلبًا أو طائرًا أو أيًا من الكائنات التي يصنعها الكاتب من أجل تجسيم الفكرة التي يريد إبرازها والشخصية الرئيسية، في القصة هي التي تتعلق أحداث القصة وغايتها بها. ولذلك فالشخصية الرئيسية، هي محور القصة التي تدور حولها الأحداث. أما الشخصيات الثانوية فهي التي تظهر وتختفي وتقوم بأداء الأحداث الجانبية المكملة للحدث الرئيسي.

والشخصية في الرواية أو القصة لها مظهر خارجي من حيث الهيئة التي تكون عليها هذه الشخصية، ولها مظهر داخلي، ويتمثل في الحالة النفسية والعقلية التي تكون عليها الشخصية، ولها مظهر اجتماعي، ويتمثل في الدور الذي تلعبه هذه الشخصية اجتماعيًا، وفي كل الأحوال يجب أن تكون الشخصية واضحة المعالم في جوانبها الثلاث، كما يجب أن تلعب كل شخصية الدور الذي تلعبه تمامًا كما هو محدد لها.

د- العقدة:

ويقصد بالعقدة، المشكلة التي تظهر في القصة وتحتاج إلى حل، أو الموقف الغامض الذي يحتاج إلى تفسير. وتظهر عقدة القصة أو مشكلتها نتيجة الصراع، الذي قد يكون صراعًا بين الفرد ونفسه، أو صراعًا بين الخير والشر، أو صراعًا بين الإنسان وطواغيت الأرض، أو صراعًا بين الحركات الجهادية والقوى الاستعمارية... إلخ.

وعندما تظهر العقدة يكون القارئ تواقًا إلى معرفة حلها. وقد تنتهي القصة عند ظهور عقدتها. ولكن إذا كان هناك حل فيجب ألا يأتي مباشرة بعد ظهور العقدة، وإنما يجب أن يكون منطقيًا وأن يتم التمهيد له. وعلى أية حال فإن القصص التي تقدم للأطفال في مرحلة التعليم الابتدائي كلها يجب أن تنتهي بحلول، حتى يستفيد التلاميذ من هذه الحلول في حياتهم، أو فيما يواجهونه من مشكلات.

وفي كل الحالات فإن القصة التي يتم اختيارها للتلاميذ في هذه المرحلة يجب أن تتوافر فيها الشروط الآتية:

1- أن يكون أسلوبها سهلاً يفهمه التلاميذ بغير مشقة أو عناء.

2- أن تزود التلاميذ بالحقائق والمعارف والخبرات التي يحتاجون إليها في جوانب التصور الإسلامي للكون والإنسان والحياة.

3- أن تتوفر فيها عناصر الإثارة والتشويق كالجدة، والطرافة، والخيال، والحركة، والحياة.

4- أن تكون ملائمة لمستوى التلاميذ من حيث الموضوع والأسلوب وطريقة العرض.

5- أن يكون لها مغزى تهذيبي وخلقي واجتماعي.

6- أن تكون الشخصيات ممن يؤدون دورًا هامًا في حياة التلاميذ.

طريقة تدريس القصة والوسائل المعينة في تدريسها:

هناك أمور يجب أن تراعي من أجل إعداد القصة وطريقة تدريسها، ومن أهم هذه الأمور ما يأتي:

1- أن يختار المدرس القصة الملائمة.

2- أن يقرأ المدرس القصة ليعرف مغزاها والطريقة المثلى في قصها، وتطور الأحداث فيها، وعقدتها وحلها.

3- أن يأخذ في سرد القصة على التلاميذ سردًا تتضح فيه المعاني، وتتمايز فيه الشخصيات، وأن يراعي تنغيم الصوت وفقًا للمعاني. ويجب ألا يتردد المدرس في محاكاة أصوات الحيوانات أو الطيور إذا استدعى الأمر ذلك. كما يجب أن تتضح المشاعر في قص القصة، فتظهر نغمة الحزن في مواقف الحزن، ونغمة السعادة في مواقف السرور، ورنة الغضب في التعبير عن مشاعر الغضب، وهكذا في الشجاعة والرضا.. وغير ذلك من المشاعر.

4- على المدرس أن يستثمر هذه القصة في تعبير التلاميذ بعد سماعهم إياها. وقد يكون ذلك، بعقد مناقشات حول موضوع القصة أو حول شخصياتها. وقد يكون ذلك بإلقاء التساؤلات. وقد يكون عن طريق تمثيل القصة.

5- أن يتأكد المدرس من إعداد وسائل الإيضاح التي قد تساعد على فهم التلاميذ للقصة أثناء سردها لهم.

قص القصة أمام التلاميذ

بعد هذا الإعداد للقصة، تأتي المرحلة الثانية، وهي مرحلة قص القصة للتلاميذ. وفي هذه المرحلة يجب مراعاة ما يأتي:

1- اختيار المكان المناسب لقص القصة أو حكاية النادرة. وليس من الضروري أن يكون ذلك داخل حجرة الدراسة حيث الجو المقفل، وتكدس التلاميذ داخل

حجرة الدراسة. فلا بأس من أن يكون ذلك خارج حجرة الدراسة حيث الشمس الساطعة والهواء النقي والخضرة والماء. كما يجب أن يكون التلاميذ جلوسًا، أو بعضهم جالس وبعضهم واقف، وحسب مقتضيات الموقف. وقد يجلس التلاميذ في صفوف أو على شكل نصف دائرة. المهم أن يتم اختيار الزمن المناسب والمكان المناسب والطريقة المناسبة لجلوس التلاميذ. أما موقف المدرس أمام التلاميذ فقد يبدأ واقفًا أو جالسًا وقد يقوم أو يجلس أثناء سرد القصة حسب مقتضيات الأحوال.

2- يجب أن يمهد المدرس لقص القصة، إما بسؤال، عن ماذا يعرف التلاميذ عن فكرة كذا. وهي الفكرة التي تدور حولها القصة أو عن الشخصية الرئيسية التي تلعب دورًا هامًا في هذه القصة.. وهكذا يأخذ المدرس بطرف الخيط ويبدأ في سرد القصة.

3- يجب أن تكون لغة القصة مناسبة للتلاميذ، فلا هي بالعربية القديمة التي لا تفهم ولا هي بالعامية المبتذلة الدارجة، وإنما يجب أن تكون واقعية، أعلى من لغة التلاميذ، وسهلة الفهم. ولا بأس من كتابة الكلمات الجديدة على السبورة وشرح معناها بطريقة سريعة، أما إذا كانت الكلمات الجديدة غير هامة ويمكن معرفة معناها من السياق فلا داعي لقطع السرد لإيضاح معناها.

4- أما بالنسبة لصوت المدرس فإنه ذو أهمية كبيرة. يجب أن يكون مسموعًا بما فيه الكفاية، كما يجب أن ينوع المدرس من صوته حسب مقتضيات الظروف. ولا يجب أن يتردد في تقليد أصوات الحيوانات والطيور. وإظهار شخصيات القصة بمظهرها الحقيقي. وإظهار المشاعر المختلفة ف نبرات الصوت وإشارات اليد التي تساعد الصوت في إظهار وتجسيم الشخصيات والمشاعر.

5- وإذا ظهر من التلاميذ عبث أو لعب أو عدم اهتمام، فإن هذا يعني أن هناك خطأ ما إما في اختيار القصة، أو في إعدادها أو في طريقة سردها أو مكان سردها. وإذا لاحظ المدرس، رغم التأكد من كل هذا أن بعض التلاميذ يعبثون فإن عليه أن يذهب إلى مكان التلاميذ دون أن يقطع السرد وينقله إلى مكان آخر، أو أن يشير إليه بإشارة من يده أو عينيه. وعلى المدرسين أن يبتعدوا عن العبارات التقليدية التي حفظها التلاميذ ويسخرون من تكرار المدرسين لها.

المناقشة التي تعقب السرد

بعد سرد المدرس للقصة، يجب عليه أن يستغل هذه الفرصة في استمالة التلاميذ إلى الحديث عما استمعوا إليه. وقد يأخذ ذلك أشكالاً عدة. منها أن يلقي المدرس مجموعة من التساؤلات يجيب عليها التلاميذ. وقد يكلف كل تلميذ بالحديث عن شخصية القصة. وقد يعقد مناقشة حول الفكرة الرئيسية التي تدور حولها القصة. ويعقب ذلك حوارًا أو مناقشة حول القيم والمبادئ التي ترمي القصة إلى دعمها. ويصح أن يكلف المدرس مجموعة من التلاميذ بالحديث أو تلخيص أجزاء معينة من القصة. وفي كل الأحوال يجب ألا يقاطع التلاميذ أثناء السرد.

وقد يقوم التلاميذ بتمثيل القصة -إذا توافرت لهم الظروف داخل المدرسة. والتمثيل نوع من التعبير مصحوب بالإشارات والحركات وتنغيم الصوت بما يتناسب مع الدور.

تدريس القصة لمن يعرفون القراءة والكتابة:

وإذا كان التلاميذ ممن تجاوزوا النصف الأول من مرحلة التعليم الابتدائي، أي أن مهارات القراءة قد نمت لديهم، فإن تدريس القصة لهم قد يأخذ شكلاً مختلفًا عما سبق. **وهنا نقترح أن يسير المدرس في تدريس القصة كما يأتي:**

1- يكلف المدرس التلاميذ بقراءة القصة أو جزءًا منها –إذا كانت طويلة- قراءة صامتة بالمنزل، أو في الفصل إذا كان ذلك ممكنًا.

2- عندما يأتون إلى المدرسة في حصة القراءة، يبدأ المدرس في إلقاء بعض الأسئلة الخاصة بالفكرة العامة التي تدور حولها القصة، ويناقشهم فيها. ثم يبدأ المدرس مع التلاميذ بعد ذلك في مناقشة الأفكار والأدوار الرئيسية في القصة.

3- يهتم المدرس باستعراض الكلمات الصعبة التي وجدها التلاميذ ويناقشها معهم إلى أن يفهموا معناها.

4- تقرأ بعد ذلك القصة قراءة جهرية فقرة فقرة، ويقوم المدرس بتصحيح أخطاء النطق الصارخة، وتعقب القراءة الجهرية مناقشة الأفكار والمبادئ والقيم التي تحوي علها القصة. ولا بد من تقويم الأسلوب والأفكار والشخصيات الموجودة في القصة وفق معايير الإسلام للعمل الأدبي التي سبق ذكرها في الفصل السابق.

5- في النهاية لا بد من الوقوف على أهم المبادئ والقيم التي ترمي إليها القصة، وكيفية الاستفادة بها في حياة التلاميذ.

الأناشيد والمحفوظات والمسرحيات

الأناشيد:

المراد بالأناشيد تلك القطع الشعرية التي يتحرى في تأليفها السهولة وتنظيمها تنظيمًا خاصًا، وتصلح للإلقاء الجمعي، وهي لون من ألوان الأدب محبب إلى التلاميذ، يقبلون على حفظها والتغني بها فرادى، أو جماعات.

أهمية الأناشيد:

تحقق الأناشيد كثيراً من الغايات اللغوية والتربوية:

1- فهي وسيلة من وسائل عج التلاميذ الذين يغلب عليهم الخجل أو التردد في النطق.

2- تحرك دوافع التلاميذ، لأنها تبعث فيهم السرور، وتجدد النشاط عندهم لما فيها من موسيقى وإيقاع جميل.

3- تدفع التلاميذ إلى تجويد النطق وسلامة اللغة.

4- لها تأثير قوي في إكساب التلاميذ المثل العليا والصفات السامية، وعن طريقها تتهذب لغتهم ويسموا أسلوبهم.

أسس اختيار الأناشيد:

ينبغي أن يتوافر في اختيار الأناشيد المناسبة للأطفال المرحلة الابتدائية ما يأتي:

1- أن تتصل بمناسبات وموضوعات إسلامية عامة تتصل بالكون والإنسان والحياة.

2- أن تشبع حاجة من حاجات الأطفال في هذه المرحلة، مثل أناشيد الألعاب والحفلات والرحلات.. وغير ذلك.

3- أن تساعد التلاميذ في إحياء المواسم والأعياد والمناسبات السعيدة ونحوها.

4- يجب أن تكون هناك أناشيد يتغنى بها أرباب الحرف كالفلاحين والصيادين والعمال لينشدها التلاميذ.

استغلال المناسبات في تدريسها:

الغرض من هذه الأناشيد هو إثارة العواطف الإنسانية والدينية والاجتماعية، ويجب عند تدريس هذه الألوان من الأناشيد اختيار المناسبات التي ترتبط بها، فمثلاً ينتهز المدرس فرصة الأعياد الإسلامية ويدرس للأطفال الأناشيد المتصلة بهذه الأعياد.

كما يمكن استغلال الحفلات التي يقوم بها التلاميذ في مناسبات خاصة كاحتفالاتهم الرياضية أو الاحتفالات بيوم الكشافة، فتدرس لهم الأناشيد التي تدور حول هذه المعاني.

وهكذا ينبغي أن نربط بين الأناشيد والحياة المدرسية والاجتماعية في شتى المناسبات، فارتباط التعليم بالواقع يجعل التعليم أقوى وأبقى أثرًا، ويثبت المعلومات في ذهن التلميذ أطول فترة ممكنة.

طريقة تدريس الأناشيد

في رياض الأطفال والصفين الأول والثاني من المرحلة الابتدائية:

أطفال هذه الفترة لا يجيدون القراءة، ولهذا يتبع معهم المدرس الخطوات الآتية:

1- يمهد المدرس لموضوع النشيد بحديث قصير، أو أسئلة يوجهها إلى التلاميذ.

2- يوقع المدرس لحن النشيد مستعينًا –ما أمكن- بآلة موسيقية، ويكرر هذا الإيقاع حتى تألفه آذان التلاميذ.

3- يغني المدرس النشيد وحده عده مرات.

4- يطلب من الأطفال أن يشاركوه في الغناء.

5- يغني الأطفال النشيد وحدهم حتى يجيدوه.

6- يناقش المدرس بعد ذلك بعض المعاني ف النشيد.

في الصفوف الأخيرة من المرحلة الابتدائية:

1- يمهد المدرس لموضوع النشيد بحديث أو أسئلة.

2- يرشد المدرس التلاميذ إلى موضوع النشيد في الكتاب.

3- يقرأ المدرس النشيد قراءة خالية من التنغيم والتلحين.

4- يطالب بعض التلاميذ بقراءة النشيد ويصحح لهم الأخطاء.

5- يناقش المدرس التلاميذ في معاني النشيد.

6- يتولى بعد ذلك مدرس الأناشيد تلحين النشيد وتدريب التلاميذ على إيقاعه وإنشاده ملحنًا.

ومن هنا يتبين أن تدريس الأناشيد يمر بمرحلتين، مرحلة القراءة والفهم وهذه يقوم بها مدرس اللغة العربية. ومرحلة التلحين والتمرين على الأداء الموسيقي وهذه من اختصاص مدرس الموسيقى ما أمكن ذلك.

المحفوظات أو النصوص الأدبية الموجزة:

ويقصد بالمحفوظات القطع الأدبية الموجزة -شعرًا كان أو نثرًا- التي يدرسها التلاميذ ويكلفون بحفظها بعد دراستها وفهمها.

أهمية تدريس المحفوظات:

ينبغي أن يراعي في اختيار قطع المحفوظات ما يأتي:

1- أن تكون القصة مما يثير حماسة التلاميذ ويجذب انتباههم.

2- أن تتصل بالمناسبات الإسلامية المختلفة على المستويات الشخصية والاجتماعية.

3- أن تكون ملائمة للتلاميذ من حيث الأفكار، فلا تكون أفكارها صعبة معقدة، ومن حيث الأسلوب، ولا تزدحم بالألفاظ الجديدة غير المفيدة.

4- أن تكون من الأوزان السهلة والبحور القصيرة -إذا كانت شعرًا.

5- أن تشتمل على بعض الأفكار السامية التي تنمي الإحساس بالجمال والبهجة، وتدعو إلى تهذيب الخلق.

6- أن تكون مناسبة من حيث الطول والقصر.

7- أن يراعى اختيار المناسبات الملائمة لتدريسها.

الشعر في أدب الأطفال

لما كان التلاميذ مختلفين في ميولهم وقدراتهم الأدبية واللغوية، فإن خير طريقة لتمكينهم من دراسة ما يناسبهم من الشعر هو أن يترك لهم الاختيار، ويترك لهم أيضًا حفظ ما يميلون لحفظه. **وهنا يجدر بنا أن نسأل أنفسنا هذا السؤال: ما أحب ألوان الشعر إلى الأطفال فيما قبل المرحلة الثانوية؟**

1- الشعر الغنائي التوقيعي، لا سيما في بداية المرحلة الابتدائية وهنا يجب أن يشترك التلاميذ في إنشاد الشعر أو غنائه بطريقة إيقاعية، مع الموسيقى وبدونها، بضرب القدم ضربًا خفيفًا على الأرض أو بضرب اليد على المنضدة التي أمام الطفل أو بالتصفيق الهادئ. وبعد البداية سرعان ما يندمج الأطفال ويتحركون مع موسيقى الشعر بجميع أجسامهم.

وهنا «يجب أن يكون هدفنا الأول أن نعرض الشعر على الأطفال على أنه قطعة موسيقية، وأن نساعدهم على القراءة الموسيقية المعبرة عن محتوى الشعر. وليس ضروريًا أن تكون القراءة جهرية عالية، ولكن يقرؤون القطعة لأنفسهم بنغمة موسيقية وبطريقة تجعل صورها تمر مرًا سريعًا أمام عقولهم. والإيقاع والقافية هما العنصران الرئيسيان في النظم، ويجب أن يتعلم الأطفال كيف يستجيبون لهما»[1].

2- الشعر التمثيلي أو الحواري. إن الأطفال في هذه المرحلة مغرمون بالتمثيل وبالاشتراك مع غيرهم في المناقشة والحوار، لأنهما مثيران للنشاط الجسماني وللخيال، فالطفل يتصور نفسه عادة الشخص الذي يمثله.

3- الشعر الإيهامي. وهو الشعر الذي يتحدث فيه الحيوان والجماد والأشياء الأخرى بما يعبر عن خصائصه أو خصائص غيره مثال ذلك قصيدة «اللغة

---

(1) - عبد العزيز عبد المجيد، اللغة العربية، أصولها النفسية وطرق تدريسها، مرجع سابق، ص313.

تتحدث عن نفسها» ومقطوعة «التينة الحمقاء» وغيرهما كثير في الشعر العربي.

4- الشعر القصصي لا سيما ما يتصل بحياة الأطفال وبيئاتهم. ويجب أن يراعى فيه أن يكون من البحور القصيرة.

5- الشعر الوصفي الذي يصف الحوادث الوجدانية، ومظاهر الطبيعة المثيرة، والأحداث ذات الصورة الواضحة. ويجب أن يتصف هذا النوع من الشعر بالحركة وسرعة العرض.

6- الشعر الحماسي، كالذي يعبر عن شعور المجاهد في ميدان القتال، أو فخر التلميذ بمدرسته أو بعمله. ويميل التلاميذ إلى هذا النوع من الشعر في نهاية المرحلة الابتدائية وفي المرحلة المتوسطة.

معايير الحكم على مناسبة النص:

ويجب أن يكون واضحًا أن ميول الأطفال مختلفة، وأن ما يناسب بعضهم قد لا يناسب آخرون. ولكن الأنواع السابقة هي أكثر أنواع الشعر قبولاً لدى الأطفال في السنوات الأولى من طفولتهم يغرمون بالنظم لما فيه من مجرد الإيقاع والقافية والتكرار، ولا يهتمون بالمعنى، غير أنهم في سنوات المدرسة الابتدائية يتنبهون وتبدأ عنايتهم تزداد رويدًا رويدًا. ومن هنا يجب أن تكون مقطوعات الشعر التي تقدم للتلميذ سهلة، وأن تكون من الأنواع التي يهتم بها التلميذ.

والأسئلة الآتية يمكن أن يسألها المدرس أو واضع المنهج لنفسه. ونورد هنا كمعايير مبدئية للحكم على مدى مناسبة القطعة للتلاميذ[1]:

1- هل الفكرة التي في القطعة واضحة أو يستطيع التلميذ استيضاحها بسهولة؟

_____

(1) - عبد العزيز عبد المجيد، المرجع السابق، ص311- 312.

2- هل الفكرة تتضمن صورًا حسية كثيرة، أم هي مجموعة معان فلسفية صعبة على التلميذ؟

3- أن تناسب فكرة القطعة ميول التلاميذ؟

4- هل الفكرة حيوية منشطة تستدعي من التلاميذ حركة وخيالاً متحركًا، أم هي مجرد عرض للحقائق؟ أو وعظ وإرشاد؟

5- ألهذه القطعة صلة بنشاط التلاميذ المدرسي أو الخارجي، من مشروعات أو موضوعات دراسية أو موسيقية؟

6- هل يميل التلاميذ بأنفسهم إلى اختيار هذه القطعة للقراءة والحفظ أو الغناء إذا ترك لهم الاختيار؟

7- هل عدد الكلمات الجديدة معقول -بمتوسط كلمة واحدة على الأكثر في البيت- ولا يعطل فهم المعنى؟

8- هل الكلمات الجديدة في القطعة مما يصح أن يكون في قاموس التلميذ؟

9- هل بالقطعة تراكيب كثيرة صعبة على التلاميذ؟

10- هل التعابير المجازية مما يسهل على التلاميذ فهمها، أم هي فوق المستوى؟

طرق تدريس المحفوظات:

أ- في الروضة:

والأدب في روضة الأطفال يشمل القصة المسموعة والمقروءة كما يشمل النظم والأغاني والأناشيد. تحدثنا من قبل عن كيفية سرد المدرسة للقصة وما يجب مراعاته نحو ذلك. أما الأغاني والأناشيد فغالبًا ما يحفظها الأطفال مع الموسيقى. ويكون تعليمها بإنشاد المدرسة للبيت مع الموسيقى ومشاركة الأطفال إياها في أثناء

ذلك، أو إنشادهم مع الموسيقى، أو بدونها وتوجههم إلى صحة الإيقاع، وحفظ الزمن، وسلامة النغم، وتصحيح العبارة.

ب- في المرحلة الابتدائية:

مرة أخرى هنا، أعود فأقول إن الأدب بمعناه الخاص يشم الجميل مما يطالعه التلاميذ في حصص المطالعة أو غيرها، وما يحفظونه في حصص المحفوظات. فليس إذن في هذه المرحلة حصص مفردة لتدريس الأدب، لأن ما يدرسونه في المطالعة والمحفوظات أدب. وعلى هذا ينبغي النظر إلى مواد المطالعة والقصة والمحفوظات –على أن موضوعها هو الأدب بمعناه الخاص، وأن تدريسها هو تدريس للأدب.

ففي الصفوف الأولى من المرحلة الابتدائية –حيث لم يسيطر التلاميذ بعد على مهارات القراءة- يتبع المدرس أو المدرسة الخطوات التي ذكرت في تدريس الأناشيد والمحفوظات في مدارس الروضة.

أما بعد أن يتمكن التلاميذ من السيطرة على مهارات القراءة والكتابة، وهذا يحدث عادة ابتداء من الصف الثالث أو الرابع، **فإن المدرس عادة يتبع الطريقة التقليدية الآتية:**

1- يمهد للدرس بالحديث حول النص أو النشيد، أو بإلقاء بعض الأسئلة، أو بالحديث عن المناسبة التي قيل فيها، وعن الكاتب أو الأديب الذي قال هذا النص.

2- يقرأ النص أمام التلاميذ قراءة نموذجية يراعي فيها حسن الإلقاء وتصوير المعنى. والمدرس التقليدي يخجل عادة من أن يقوم بتلحين النص وإلقائه بطريقة غنائية.

3- يقرأ التلاميذ النص، على أن يقرأ كل تلميذ جزءًا منه. وهنا يقوم المدرس بتصحيح أخطاء التلاميذ تصحيحًا مباشرًا. وتكرر القراءة الصحيحة من التلاميذ حتى تثبت لديهم.

4- يعقب ذلك مناقشة المعاني والأفكار والأخيلة التي وردت في النص، والقيم المستفادة منه.

وهنا يجب ألا ينسى المدرس أهداف تدريس الدب –والمحفوظات أدب كما قلنا- وألا يركز اهتمامه على الناحية اللغوية، وألا ينسى أن من أهم أهداف تدريس الدب هو تربية الإحساس بالذوق وتقدير الجميل، والتمتع بما في الأدب من جمال.

المسرحيات:

المسرحية لون من ألوان الأدب فيها خصائص الرواية، إلا أنها أعدت إعدادًا خاصًا للتمثيل المسرحي. فهي تمتاز بالحركة، وما يقوم به الممثلون فوق خشبة المسرح. ولكنها على كل حال لون من ألوان الإنتاج الأدبي الذي يعبر عن مشاعر الناس وأحاسيسهم ومشاكلهم.

ويميل الأطفال عادة إلى هذا اللون من ألوان الإنتاج الأدبي: لأن فيه تعبيرًا بالإشارة والحركة والأداء والإيحاء بالإضافة إلى التعبير اللغوي العادي. وعلى هذا فالمسرحيات تعتبر مصدر متعة للأطفال لأن فيها تقليدًا ومحاكاة، والأطفال يولعون ولعًا شديدًا بهذين الفنين.

أهمية تدريس المسرحيات:

1- أنها وسيلة فعالة في تدريب التلاميذ على التعبير السليم، وإجادة الحوار وتنمية الثروة اللغوية، والكشف عن المواهب الفنية وتوجيهها.

2- إنها وسيلة هامة في تعويد التلاميذ على فن الإلقاء والتمثيل، والثقة بالنفس والاندماج في مجالات الحياة المختلفة.

3- تبعث في التلاميذ روح النشاط، وتحبب إليهم الحياة المدرسية، وتخلع عليها روحًا جميلة.

4- إنها وسيلة هامة من وسائل التزويد بالمعلومات والحقائق والخبرات وتأكيدها في أذهان التلاميذ. كما أنها تجعل التلاميذ أكثر إيجابية وتقبلاً لما يتعلمونه.

5- هي وسيلة هامة في تهذيب النفوس، وتربية الإحساس بالذوق والجمال. فهي تهتم بتنمية الجانب الانفعالي والوجداني في شخصية المتعلم، بالإضافة إلى تنمية الجانب المعرفي والجانب الحركي والنفسي. أي أن التمثيل المسرحي ينمي كل جوانب الشخصية الإنسانية المعرفية والوجدانية والحركية.

6- في التمثيل المسرحي ترويح عن النفس وانتزاعها من الملل والروتين اليومي. كما أنها تصل بين المدرسة والمجتمع، حيث إن هذه المسرحيات ما هي إلا مشكلات واقعية تعبر عن أحاسيس الناس ومشاعرهم.

7- في التمثيل المسرحي استثمار لوقت الفراغ، واستمتاع بوقت النشاط. وقد أصبح هذا هدفًا تربويًا يجب أن تعني به المدرسة وتخطط من أجله.

اختيار المسرحيات وتدريسها:

عند اختيار مسرحية لتلاميذ صف معين يجب مراعاة ما يأتي:

1- مناسبتها لقدرات واهتمامات هؤلاء التلاميذ، من حيث أسلوبها وفكرتها. فيجب أن تكون جملها قصيرة إذا كانت نثرًا، ومن البحور القصيرة إذا كانت شعرًا.

2- يجب أن يكون موضوعها متصلاً بما يدرسه التلاميذ في مواد المنهج الأخرى كالدراسات الاجتماعية، والدراسات الشرعية... إلخ.

3- يجب أن تزو المسرحية التلاميذ بالأفكار والخبرات التي يحتاجون إليها وتؤدي إلى نموهم المعرفي والوجداني والحركي والنفسي.

4- ينبغي أن تكون شخصيات المسرحية من النوع المحبب لدى تلاميذ هذه المرحلة، أي ممن يحاولن محاكاته وتقليده.

5- ينبغي أن يختار المدرس المناسبات التي ترتب بها على نحو ما يتبع في دروس الأناشيد والمحفوظات -كما سبق أن أوضحنا- كالمناسبات الإسلامية الشخصية والاجتماعية والمناسبات المدرسية المختلفة.

طريقة تدريس المسرحية:

يمكن أن تسير طريقة تدريس المسرحية في الخطوات التالية:

1- اختيار المسرحية المناسبة. وقد تكون المسرحية من اختيار التلاميذ أنفسهم.

2- التمهيد للمسرحية، وذلك بمناقشة عامة حول المناسبة المتصلة بموضوعها.

3- قراءة المدرس لها قراءة فيها تجسيد للمعاني، وجمال في الإلقاء.

4- دراسة شخصيات المسرحية والتعرف على مظاهر هذه الشخصيات الخارجية والداخلية والاجتماعية.

5- مناقشة أفكار المسرحية وأحداثها وأهدافها وغاياتها، مناقشة تفصيلية حتى يتمكن التلاميذ من الإلمام بها ونقد موضوعها والوقوف على النواحي الجمالية فيها.

6- قراءة التلاميذ للمسرحية قراءة فيها تجسيد للمعاني والمشاعر والشخصيات كما سبق أن فعل المدرس.

7- توزيع الدوار على التلاميذ الذين سيقومون بالتمثيل، وحفظهم لأدوارهم، وأدائهم لدوارهم على مشهد من زملائهم في المكان المعد لذلك.

8- إبداء الملاحظات على أداء التلاميذ لأدوارهم من الناحيتين اللغوية والحركية. ولكن يجب ألا يكون النقد مسرفًا حتى لا يؤثر على ثقة التلاميذ بأنفسهم.

9- ممارسة التمثيل بعد ذلك على أساس من جودة الأداء والإتقان خاصة بعد الممارسات التجريبية السابقة.

10- تقويم هذا الأداء بواسطة المدرس والتلاميذ الذين لم يشتركوا على أساس إبراز جوانب القوة والضعف في الأداء، وكيفية القضاء على أسباب الضعف وتقوية أسباب القوة.

وسائل الإعلام

يعتبر الإعلام من أهم الدعامات الرئيسية التي تني الصغير وتكون فكره وقدرات ذكائه، إذ منه يأخذ معلوماته التي من خلالها يبني حياته. ولذا فإن الإعلام من أخطر ما يكون في حياة الطفل إما رفعة وإما هبوطًا. فهبوط المعلومة ورداءة الأداء يتأثر بهما الطفل تأثرًا بالغًا في شتى مراحل نموه وأطواره، وكذلك انتقاء المعلومة وجودة الأداء. **ولتوضيح ذلك نتناول أولاً أنواع الإعلام.**

1- الإذاعة.

2- التليفزيون.

3- الصحافة.

4- الكتب العلمية.

أولاً- الإذاعة: ومنها يأخذ الصغير المعلومة المسموعة، وبحسب نوعيتها يتأثر ويعي ويركز، فقد تكون المعلومات هشة لا قيمة لها وقد تكون ذات قيمة

ومفيدة في الحياة العملية والفعلية تساعد على نمو الفكر وجودة الأداء والابتكار. وإما أن تكون وسيلة لهو وضوضاء لا غير ويتأثر بالهزل وضياع الوقت فهي سلاح ذو حدين، فيجب الارتقاء بمستوى الإذاعة والنظر فيما يقال فيها قبل أن يصل إلى مسامع أبنائنا.

ثانيًا- التليفزيون: ومنه يأخذ النشء المعلومة مرئية ومسموعة فهو وسيلة إيضاح للصغير أكثر من الوسائل الأخرى، ويتأثر النشء به ويتابع برامجه لذا يجب الارتقاء بالبرامج التلفزيونية إلى أعلى مستوى من حيث انتقاء المعلومة والأفلام أو المسلسلات، لأنه بحسب النوع والكيف في مستواها يكون تأثر الصغير. فيلزم التخلص من الأفلام الخليعة والمسلسلات الهشة الهابطة في الفكر والمستوى. ويجب انتقاء كل ما يرى ويذاع تليفزيونيًا، إذ أن الصغير يردد ما يسمع ويسجل بعينيه ما يرى ويقلد.

ثالثًا- الصحافة: ومنها يأخذ الأبناء المعلومة والخبر المكتوبين. فقد تنشر الصحافة معلومة علمية أو أدبية. وقد تنشر خبرًا هامًا عن حدث وقع أو سيقع مستقبلاً وغالبًا ما تجمع بين الاثنين معًا؛ أعني المعلومة والخبر، فهي وسيلة هامة في حياة الأبناء كما هي هامة بالنسبة للآباء أيضًا. لذا يجب على كتاب الصحافة أن تلتزم أقلامهم بما هو نافع ومفيد مع تحري الصدق في كل ما يكتب أو ينقل، حتى تكون العلاقة بين الأبناء وصحافة الوطن مبنية على الثقة فيتقبلون كل ما تكتب وينفذون كل ما تطلب. أما الهبوط والكذب فيؤديان إلى فقد الثقة بل إلى انصراف الأبناء وكذلك الآباء عنها.

رابعًا- الكتب العلمية: وهي وسيلة إعلامية راسخة ثابتة؛ فمتى أراد الابن الاطلاع والرجوع إلى المعلومة فإنها تكون بحوزته ويمكنه ذلك متى شاء إذ معلومة الإذاعة موقوتة بزمن إذاعتها وكذلك التلفزيون. أما الصحافة (الجرائد اليومية والمجلات) فيمكن الإبقاء عليها ويمكن إهدارها، على

العكس من الكتاب سواء كان مدرسيًا أو كتابًا عامًا. ويجب أن يراعي السادة الكتاب مصلحة الأبناء من حيث إهداء المعلومة بما يوفر تنمية الذكاء والفكر، ويحقق الفائدة المرجوة في الابتكار أو الاختراع على أساس علمي يرتفع بمستوى الفرد والوطن في شتى المجالات.

وهناك حقول موازية للإعلام، هي المجالات التي يعمل فيها:

1- المعلمون.

2- الأخصائيون الاجتماعيون.

3- الباحثون.

4- المرشدون.

أولاً- المعلمون: وهم في مدارسهم وسيلة إعلامية هامة في حياة أبناء الوطن. إذ يتأثر الابن بمعلمه تأثرًا بالغًا في الذكاء أو الغباء، في قوة وضعف الشخصية، في السلبية أو الإيجاب، في الجدية أو الهزل، في قوة الإدراك واللحظ، أو ضعف التركيز والنسيان، في النبوغ أو البلادة. أعني الابتكار وسرعة التطور أو التجمد مع ضعف الفكر. كل هذا مسؤولية المعلم. لذا يجب انتقاء المعلم بحيث يتميز بشتى صنوف الفضائل.

ثانيًا: الأخصائيون الاجتماعيون: وسيلة إعلامية مزدوجة، بما يشبه الطبيب مع مريضه. فهوي شخص له الداء ويكتب له الدواء، إلا أنه يستفيد منه التعرف على نوعيات ما يعاني بداخله بما يفيد الطبيب في علاج حالات مماثلة. كذلك الأخصائي يعطي معلومة ويستفيد معلومة من مشكلات المجتمع، لذا يجب أن يتميز هذا النوع بقدرات خاصة من الذكاء والإدراك والكشف عما هو خفي؛ أعني ما لم يصرح به صاحب الحالة. وفي هذه الحالة يمكنه أن يضع لكل مشكلة الحل مع القدرة على النصح والإرشاد والتوجيه السليم.

ثالثًا- الباحثون: وسيلة إعلامية هامة في حياة الشعوب. إذ بالبحث والكشف عما في الكون من أسرار وعلوم ترتقي الأمم وتزدهر. وهل ترتقي الأمم إلا بنضوج ورقي عقول أبنائها. فإنما تقاس حضارات الأمم بقدر ازدهار وابتكار عقول الباحثين فيها. فهم الذين يكشفون ويكتشفون كل ما هو جديد في العلم والاختراع أو الابتكار والتطوير. لذا فهم وسيلة هامة، بل هم صفوة العقول، والقدوة لكل أبناء الوطن.

رابعًا- المرشدون: وهم نوعان:

1- إرشاد روحي.

2- إرشاد تعليمي.

أما الإرشاد الروحي فهو مهمة رجال الدين. إذ يقومون بالتنشئة الصحيحة بوضع أسس الدين للأبناء وغرس الفضائل في نفوسهم، وشرح وبيان العقيدة وترسيخ صدق الاعتقاد في قلوبهم مع مداومة النصح والإرشاد السليم لهم، ويسمى هذا النوع من الإرشاد بغذاء الروح.

الإرشاد التعليمي: هو إهداء المعلومة للأبناء سهلة مفيدة مباشرة، أي حصر المعلومة دون شتات للفكر مع البحث عما هو جديد في عالم العلوم.

وهذا ما أنعم الحق تعالى به ونعم الخالق سبحانه لا تحصى....

وصلى الله على سيدنا محمد وآله وصحبه وسلم

خادم القرآن

محمد بن محمود العبد الله

المصادر والمراجع

1) التربية وطرق التدريس، عبدالرحمن النحلاوي، ط. بيروت، 1979م.

2) دراسات في تاريخ الفكر التربوي، د.سيد إبراهيم الجبَّار، ط. الكويت، 1394هـ

3) تاريخ التربية الإسلامية، د.أحمد شلبي، ط. نهضة مصر.

4) التربية الإسلامية وطرق تدريسها، د.إبراهيم محمد الشافعي، ط، الكويت، 1401هـ

5) تذكر السامع والمتكلم في أدب العالم والمتعلم، ابن جماعة، حيدر أباد، 1353هـ

6) فن التدريس للتربية اللغوية، محمد صالح سمك.

7) فن التدريس للتربية الدينية، محمد صالح سمك.

8) كتاب المعلمين لابن سحنون، ط. تونس، 1348هـ

9) كيف تعد درساً؟! لمعروف زريق، ط، دار الفكر، بيروت.

10) الوسائل التعليمية والمنهج، د.أحمد خيري كاظم ود.جابر عبدالحميد، ط، القاهرة، 1979م.

11) محاضرات الأدباء للبيهقي، ط. القاهرة، 1287هـ

12) أصول التربية الإسلامية وأساليبها، عبدالرحمن النحلاوي، ط، بيروت، 1399هـ

الفهرس

أفهام ومعارف تربوية

طرق تدريس الأطفال

د. محمد محمود عبدالله

دار دجلة
ناشرون وموزعون

عمان ـ شارع الملك حسين ـ مجمع الفحيص التجاري
تلفاكس: ٤٦٤٧٥٥٠ ٦ ٠٠٩٦٢   خلوي: ٥٢٦٥٧٦٧ ٧٩ ٠٠٩٦٢
ص.ب: ٧١٢٧٧٢   عمان ١١١٧١ ـ الأردن
بغداد ـ شارع السعدون ـ عمارة فاطمة
تلفاكس: ٨١٧٠٩٩٢ ١ ٠٠٩٦٤   خلوي: ٧٠٥٨٥٥٦٠٣ ٧ ٠٠٩٦٤